图解服务的细节

119

創業家に生まれて　定食・大戸屋をつくった男とその家族

店铺因顾客而存在

[日] 三森智仁 著

洪娟 译

人民东方出版传媒
People's Oriental Publishing & Media
東方出版社
The Oriental Press

图字：01-2021-1204 号

图书在版编目（CIP）数据

店铺因顾客而存在／（日）三森智仁 著；洪娟 译. —北京：东方出版社，2022. 8
（服务的细节；119）
ISBN 978-7-5207-2839-3

Ⅰ. ①店…　Ⅱ. ①三…　②洪…　Ⅲ. ①餐馆—商业经营—经验—日本
Ⅳ. ①F733. 136. 93

中国版本图书馆 CIP 数据核字（2022）第 110390 号

服务的细节 119：店铺因顾客而存在
（FUWU DE XIJIE 119：DIANPU YIN GUKE ER CUNZAI）

作　　者：［日］三森智仁
译　　者：洪　娟
责任编辑：崔雁行　高琛倩
出　　版：东方出版社
发　　行：人民东方出版传媒有限公司
地　　址：北京市西城区北三环中路 6 号
邮　　编：100120
印　　刷：北京明恒达印务有限公司
版　　次：2022 年 8 月第 1 版
印　　次：2022 年 8 月第 1 次印刷
开　　本：880 毫米×1230 毫米　1/32
印　　张：8. 5
字　　数：162 千字
书　　号：ISBN 978-7-5207-2839-3
定　　价：58. 00 元
发行电话：（010） 85924663　85924644　85924641

前　言

在我的记忆里，父亲总是一副手握长柄锅的模样。

那个时候，母亲几乎每天都会带上年幼的我去大户屋看望父亲。

“你看，爸爸就在那里呢！”

为了不打扰店员以及其他的顾客，我和母亲总是瞄准时机，悄悄地潜入厨房。

“看到了！爸爸在那里！”

一身白色厨师装的父亲，一丝不苟地切着蔬菜、肉，旋即迅速地将它们丢到锅里。“咻——”，锅里发出美味的声音。配合着声音，父亲恰到好处地翻动着食材。动作娴熟，一气呵成，以至于我总是看得着了迷。

父亲注意到了我们，但并没有停下手头的活儿，只是用眼神示意了一下。等到活儿告一段落，手头空闲了，父亲就会来到大堂，一边抚摸着我的头，一边高兴地说道：“你们来了呀！”

父亲用他那双布满烫伤疤的大手，摩挲着我的头发，脸上带着温柔的笑意。

父亲很少休息，他几乎每天都会去店里。也正因为如此，我记忆中几乎没有任何跟父亲周末出去玩或是一家人一起出去旅游的画面。所以，每当听到朋友们说起“暑假，我们一家人要去北海道旅游”之类的话时，我心中总不免生起一丝羡慕之情。尽管如此，但是我从来没有跟父母抱怨过。

上小学时，我还曾因“大户屋家儿子”的身份遭到过同学们的嘲笑。当时，大户屋已在市中心主要车站附近铺开了很多店，在小学生中间也算颇有名气。回想起来，班里的同学不过是起哄罢了，并无多大恶意。但我幼小的心灵却受到了莫大的伤害，好长一段时间都对“大户屋家儿子”的称呼耿耿于怀，甚至反感至极。

然而，无论是周末旅行的缺席，还是朋友的嘲笑，都丝毫不曾影响我对父亲的崇敬之情。

这或许是打从记事起，我每天看到的都是父亲为了工作全力以赴的样子的缘故吧。我喜欢那样的父亲，虽然从未跟父亲吐露过心声，但我一直为这样的父亲感到骄傲。母亲也一直敬重这样的父亲，一有时间，便会带上放学归来的我去找父亲。那个时候，母亲总是牵着我的手，搭上电车，摇摇晃晃地来到父亲所在的店里。这个习惯，一直持续到了我小学低年级的时候。

因为工作，父亲几乎不在家里吃饭。但是，我们一家三口每天一定会在大户屋这家日式套餐店里享受难得的团聚时光。

转眼间，二十年的岁月已匆匆流逝。

我的父亲三森久实，也早已不在人世。2015 年 7 月 27 日，跟病魔顽强斗争了一年后，年仅 57 岁的父亲永远地离开了我们，去了另一个世界。

身为人子，我得以在父亲身边目睹其作为企业经营者风采的时光，不过才两年。

我生于 1989 年，是家里的长子。大学毕业后，我先在三菱 UFJ 信托银行工作，后于 2013 年进入大户屋 HOLDINGS。2014 年的夏天，就在我进入公司刚满一年的时候，无情的病魔就开始悄悄地袭击我的父亲。

入职后，我与身为经营者的父亲接触的机会并不多。一来，我们身份悬殊。一个是公司会长，一个是普通职员。二来，我担任店长的店铺与父亲所在的总部相隔甚远。自患病以来，父亲与我交谈的时间增加了不少。父亲自始至终都是一副积极乐观的姿态，也一直照常工作，所以我没找到合适的机会向他请教经营之道。

我的父亲，一手创立大户屋，并把它一举打造成餐饮产业首个日式套餐连锁店的三森久实，究竟是一位怎样的经营者呢?

父亲死后，我想要对此一探究竟的心情与日俱增，以至于不能自已。于是，我开始向许多人打听起父亲，收集他们关于父亲生前的记忆，借此聊以慰藉我这个儿子对父亲的无限怀念之情。

父亲为何能带领大户屋走向成功？他又为何近乎疯狂地偏执于日式套餐店这种经营模式……

对于大户屋，读者中或许有人并不知道其存在。

大户屋是一家经营日式套餐的连锁店，旗下拥有以首都圈为中心的日本国内分店约350家，海外分店约100家。其前身，是父亲的养父三森荣一于1958年在东京池袋创立的“大户屋食堂”。从前的日式套餐店，大多是家庭式店铺。位置一般在学生街或车站附近，掀起布帘子，再打开嘎吱作响的拉门，里面清一色都是男性顾客。大户屋食堂也曾是那些日式套餐店中的一间。

1979年，爷爷去世，21岁的父亲接管店铺。就在第3家分店——东京吉祥寺店开店之际，大户屋迎来了转机。1992年，店铺重新装修时，大户屋打出“让女性顾客也能轻松进店”的经营理念，彻底颠覆了人们对于日式套餐店的既有印象。

白木做的餐桌，明亮温暖的灯光，营养均衡且摆盘精致的菜肴，再加上公允合适的价格——菜品单价600日元左右。作为全新风格的日式套餐店，吉祥寺店以迅雷不及掩耳之势，博得了大众的喜爱。凭借此番成功经验，父亲一鼓作气开设了多家分店。

吉祥寺店重新装修5年之后，报纸上这样刊载道：

“充分考虑营养的‘家里的味道’。”

为打造出一间“夜晚，年轻女性独自一人也能随意进入的日式套餐店”，为给广大顾客提供明亮整洁的就餐环境以及健康的饮食，大户屋（总部　东京都田无市）的三森久实先生创办了日式套餐连锁店。在东京都的中心地段，现已有17家挂着“大户屋餐馆”商号的直营店。

大户屋的套餐菜单通常有28类。其中，4类是季节菜单，每两个月轮换一次。“味噌炸鸡排套餐”“酱煮青花鱼套餐”“南瓜煮套餐”等，价格均在500—600日元。最高一餐也不会超过700日元。每份都是套餐，使用大量的蔬菜且充分考虑了营养的均衡。

食材虽由总部统一调配，烹饪由各家分店独立进行，对“家里的味道”十分考究。不仅如此，大户屋还宣扬“套餐之本在于米饭的味道”（三森先生的理念），店里一般只使用有机大米（自然农法），甚至还别出心裁地在店里摆出了大米的品牌及其生产者的名字等。

店铺一般会避开租金高昂的门面，多选择在大楼的2楼或是地下开设。东京池袋的总店，一天客流量达到1400—1500人（约15拨次）。此外，女性顾客较多也是“大户屋”的特色之一，一些店铺的女性顾客占比甚至达到了 7 成之多。三森先生一直认为，“职场女性的增加及高龄化，必然会进一步刺激食堂需求的提升”。

（1997 年 8 月 9 日 《日经流通新闻》）

2001 年，也就是这篇报道刊登 4 年后，大户屋这家日式套餐店，首次公开募股（现在的 JASDAQ 市场），父亲一跃成为经营餐饮产业的代表性人物。

公司上市后，父亲依然坚守着对日式套餐店的钟爱。起初，我并不知晓其中的深意。后来，在整理父亲的遗物时，我才豁然发现，原来在父亲的这份执着中，深藏着他对爷爷的无限敬爱以及他对于生母近乎疯狂的爱。此事，我会在后面的章节中详尽阐述。在探寻父亲足迹的过程中，我竟意外地卷入了一场权力之争，最终导致我与父亲的表兄弟，也就是大户屋的窪田健一社长的决裂。

2015 年 11 月，斗争达到白热化，公司将我从常务董事降格为董事。2016 年 2 月，我辞去董事一职，彻底离开了公司。荣一爷爷筚路蓝缕，创办了大户屋的前身大户屋食堂，父亲继承爷爷遗志，穷尽毕生心血将大户屋发展壮大至此，而我，却亲自递交了辞呈，与祖父辈心血所凝聚的公司断绝了关系。这样的决定，着实让我悲痛欲绝。

父亲于我而言，始终是两重身份的结合体。一个是我所熟悉的“身为人父”的身份，另一个是我知之甚少的“经营者”的身份。我一直在寻找一种可以将两重身份有机联系起来的“黏合剂”。斗争爆发后，我只好一边应对斗争，一边继续寻找。这些斗争缘何而起？反思的过程，痛苦又漫长。但不可否认的是，正是这种思考，才让父亲的人物形象变得更加立体、鲜明起来。

本书由4个章节构成。

第1章将着墨于父亲的背景介绍，揭露其隐藏在大户屋事业发展背后的一段尘封往事。第2章将重点描绘大户屋从区区一个小食堂蜕变成巨型连锁店的“转折点”——吉祥寺店的火灾。第3章将对大户屋的上市、海外扩张等发展进行阐述。在第4章，我将向各位讲述我与公司经营层之间的对立，并总结我对大户屋未来发展的看法。

创业家族问题，原本就是一个永恒的话题。企业创始人究竟是怎样的人物？生于创业家族又是一种怎样的体验？我作为创业家族的一员，如今又身处于问题旋涡之中，我想与各位分享一些我自己的思考。

现如今，企业经营者为自己著书立传已蔚然成风。然而，父亲生前却未能为自己留下只言片语。父亲的许多事情，自然也是鲜为人知。我想，即便是那些十分熟知大户屋的人，在读此书时，也会发现不少从前不知道的事实。本着实事求是的原则，我将父亲“不太光彩”的部分也一并公之于众了。希望九泉之下的父亲不要责怪我的“自作主张”。

若三森久实的一生能在您的记忆中，哪怕一个偏僻的角落里留下一丝痕迹，于我而言都将是无上荣幸之事。

2017 年 6 月　吉日

三森智仁

目　录

CONTENTS

第 1 章

事业家的精神源泉

——连家人都未曾见过的生母的照片

第 2 章
新生大户屋登场
——赋予父亲信念的一位思想家

第 3 章

“不放过任何一个角落”的精神

——与餐饮界的常识“背道而驰”

第 4 章

内讧乍起

——毁掉成功的是公司还是儿子？

第 1 章

事业家的精神源泉

——连家人都未曾见过的生母的照片

残酷的宣告——生命只剩下一个月

2014 年 7 月。

日式套餐店的午餐时段，十分忙碌。送走最后一批顾客后，我像往常一样，坐在了休息室的椅子上，终于可以喘口气了。

突然，旁边的手机响了起来。是母亲（三森三枝子）打来的。

那个时候，我刚进大户屋 HOLDINGS 工作两年。担任埼玉县户田市一家分店的店主。在大户屋，为了培养店长将店铺视为“自己的店”进行自主管理的意识，我们特意称呼店长为“店主”。

“我之前不是跟你提过，你爸的身体不太好吗？他今天去医院检查了。你能不能给他打个电话问问情况？”

听得出来，母亲有些不安。

一周前，父亲刚从纽约出差回来。这一次，他居然罕见地提前回来了。父亲是个极其要强的人，能提前回来，一定是遇到了什么不得已的情况。对此，我虽也有些担心，但并未多想。

这么多年，父亲一直马不停蹄地在工作，几乎不曾休息过一天。如今的他，已年近花甲，或许身体也快吃不消了吧。拿着手机，我开始漫无边际地遐想起来。就在这时，电话又响了，这一次是父亲打来的。

“检查结果还没出来。可能是肺癌。智仁，你回总部来吧。我有很多事情要跟你交代。”

父亲的声音，果敢而坚毅。从他的声音里，我仿佛感受到了一股视死如归的决绝。

检查结果不是还没出来吗？一定是父亲想多了……我想要这样去反驳父亲，但他的声音那么坚定，压制得我无言以对。

和父亲简单通过话后，我的大脑中一片空白。

许久之后，我终于回过神来。想要给母亲打电话，转念一想，又停下了。父亲刚才的那番话，不过是他的推测罢了，顶多也就是最糟糕的结果。既然如此，那还是先不要告诉母亲为好……为了说服自己，我反复在心底默念了许多遍。我慢慢地起身，走出了休息室。身体被灌了铅似的，痛苦不堪。

又过了几天，检查结果出来了。

我们一行人去了位于东京都港区的东京慈惠会医科大学附

属医院。

同行的有4人，我们一家三口以及大户屋的窪田社长。窪田社长不仅是大户屋的经营层，也是父亲的表兄弟。此外，父亲的二哥三森教雄也来了。他是那家医院消化管外科的医生。

主治医生当着大家的面，残酷地宣告了父亲的生命“只剩下一个月”。

病名叫小细胞肺癌。扩散的速度很快，而且父亲的身体已经无法承受手术。若抗癌药物无效，父亲一个月后就会离开我们。

那个时候，父亲不过才56岁。命运如此安排，未免太过残酷。

2012年，父亲退居二线，转而担任会长一职。他将日本国内业务全权委托给了窪田社长，自己专心开拓海外市场。为了让和食文化走向世界，2005年，大户屋在泰国开设了第一家海外分店。以此为开端，大户屋率先打开了亚洲市场。父亲在就任会长后，又全身心投入到了美国市场的开拓工作中。

在美国，大户屋1号店、2号店已经步入正轨，“天妇罗松井”这种新形态的店铺也开业在即。父亲原本打算在成功打造新店后，一鼓作气在美国全面铺开。然而，就在距离成功一步之遥的时候，父亲竟被无情地宣告，“生命只剩下一个月”。

大约从2014年开始，父亲就常常咳得喘不过气来。如今回想起来，当时的症状确实不同于普通的感冒。

我们应该早点让父亲去做全身检查的。父亲自己也因为工作，始终没工夫去医院。当时，纽约的新店开业在即，父亲忙于前期准备，一个月在日本的时间不过四五天。

得知自己命不久矣的瞬间，父亲沉默了，久久地盯着病房的天花板。伫立在一旁的我们也仿佛失去了语言的能力一般，一句话也说不出来。

父亲当时受到的打击应该不轻。或许我们应该选择对父亲隐瞒病情。但父亲提前和主治医生打好了招呼。

“医生，我是一家上市公司的经营者，算是一个公众人物。所以，无论查出什么病，都请您不要隐瞒，务必一五一十地告诉我。如若不然，我怕来不及提前安排，直接影响交接。”

企业经营者，真是一份残酷的职业。身为经营者，不得不直面命运的捉弄，丝毫没有逃避的机会。

主治医生陈述完病情后，表情十分严肃，他默默地离开了病房。然后，父亲终于开口了。

“你们不用担心。我的病，一定可以治好。现在医学这么发达。而且，我哥（三森教雄）可是一个超级厉害的医生。我在他的医院医治，肯定能治好的。”

说完，父亲竟哈哈大笑了起来。

It's OK

父亲与病魔的战斗拉开了帷幕。

一个月的时间，实在太短。短到即使选择自暴自弃，也不为过。

然而，父亲却从未对身边的人或是公司的人吐露过任何消极的话语。注射抗癌药物的时候，哪怕脸上的表情再痛苦，嘴里也绝不会有任何怨言。“身上很痛”“受够了”这些发牢骚的话，仿佛都不存在于父亲的人生字典里。

每当我去医院看望父亲，询问他病情时，他总会这样回答我。

“It's OK！”

父亲的声音粗犷有力，似乎可以穿透病房的墙壁。

值班的护士过来询问情况时，父亲也是同样的答案。

“It's OK！”

此情此景，常常惹得护士们面露难色。

“三森先生，您的身体如果有哪里不舒服，一定要老实说出来，不然，我们会很难做的。”

护士的再三请求也丝毫没有改变父亲的态度。自始至终，父亲的回答都是“It's OK!”。

虽说父亲经常出差海外，但他的英语一点都不好。即便如此，他却像卖弄似的，张口闭口“It's OK!”。见此情形，我和母亲常忍俊不禁。

父亲就是一个十足的乐天派。

记得小时候，他曾这样教导我：

“听好了，智仁。语言又叫‘言灵’，是有灵性的。你常说一些正面积极的话，它们就会成真。反过来，你总说些负面消极的话，现实就会变得更糟糕。所以呀，无论什么样的处境，哪怕再痛苦，也要常说正面积极的话。”

父亲十分敬仰一位昭和时期的思想家——中村天风，政治经济领域有很多人都是他的信奉者。把他的思想概括起来就是四个字——“绝对积极”，他极力主张人生中时刻保持积极心态的重要性。

还记得父亲经常在家里的洗脸台边，对着镜子里的自己厉声呵斥的样子。

“我很强大！”

“我一定可以！”

父亲虽然在三兄弟中排行最末，却生来就是个爱照顾人的“大哥体质”。

他内心深处又是细腻敏感的，也有神经质的一面。偶尔也想示弱，但身为经营者的自尊心不允许他这么做。于是，只能对着镜子里的自己呵斥“我很强大!”，以克服自己的脆弱，给自己创造一种积极的心理暗示。

父亲始终坚信，经常说些正面积极的话，这些话一定会变成现实。即使罹患不治之症，他也一直坚守这个信念，未曾有过丝毫的动摇。

从不抱怨，始终保持积极心态。坚信自己一定可以击败癌症这个大敌。事实上，在与癌症的这场战斗里，父亲从来都没有质疑过他的胜利。

带血的衬衣

在没有抗癌药物治疗的时候，父亲会跟医院申请外宿许可，带病去公司上班。

若员工得知公司经营者身患重病，将会引起不小的骚动，动摇军心。不仅公司内部，那些特许加盟店（FC），甚至生意伙伴，都会受到牵连。考虑至此，父亲决定，只要还有一线生机，就暂不公开病情。

于是，父亲患病的消息成了公司的绝密，知情的只有窪田社长、专务、秘书以及我，4 个人。好在癌症发现之前，父亲多在海外出差，经常不在公司。如今，父亲不来公司露面，员工们多半也不会觉得诧异。

父亲尽可能地维持着之前的工作状态。直到临死前的两个月，他还硬撑着去海外出差。

准确地说，父亲在住院期间也曾三番五次试图要去公司。若不是我们及时阻止，他恐怕早就溜到公司工作去了。之所以能这么断定，是因为我曾亲眼看到过好几次这样的场景——尚在住院中的父亲，早早地起床换上了西装。

父亲还打好了领带，换上了皮鞋。他将公文包放在枕头边上，正襟危坐在床边，一双大眼睛炯炯有神，俨然一名整装待发的战士。他在等医生来例行晨检。

进到病房里的护士见状，自然会大吃一惊。

“三森先生！您这是做什么？”

“我要去工作。”

“你还在接受治疗，不能离开医院。”

“护士您可能不了解情况，我必须去工作。”

父亲住院期间，这样的场面几乎每天都会上演。

穿衬衣时，父亲会自己拔掉抗癌药物的输液器针头，衣袖总会沾上许多血。像这样带血的衬衣，母亲不知道洗了多少件。

“不要再给护士添麻烦了。西装我就先拿回家了。”母亲也曾试图劝阻，却惹得父亲怒火中烧，一顿呵斥。

“胡说什么！你把衣服拿回去，难道要我穿着睡衣去上班吗？！”

无奈之下，母亲只得将西装、皮鞋、公文包又悉数放回病房的柜子里。

住院之初，父亲意识清晰，思维如常，“整装待发”的闹剧，也是从那时开始的。到了弥留之际，癌细胞转移到了大脑，父亲的意识开始出现障碍，闹剧也不得已终止了。

这大概就是所谓的“执念”吧。为了工作，父亲不惜豁出性命。

在跟癌症的这场战斗里，父亲从未想过自己会输。他以为生命可以不止步，工作也可以不停歇。因此，对于母亲、对于我，他从未留下任何像样的遗言。

事实上，虽然被医生告知“生命只剩下一个月”，但父亲凭借着顽强过人的意志，活了一年之久。

教雄伯父来病房看他时，父亲曾这样说过：

“二哥，我已经拿下了一年，那五年自然也不在话下。要是能活过五年，那十年自然也没问题。我要打破你们医院自创建以来的纪录。这样二哥你也会觉得脸上有光吧？”

教雄伯父没有接话，只是和蔼地笑着。

我和父亲的“二人世界”

父亲自病发到去世，经历了一年的时间。或许有人会觉得，一年的时间，足够和父亲侃侃而谈了。

的确如此。从前，父亲一头扎在工作，自然少有机会说话。在父亲生命的最后一年，我们一起度过了人生中最长、最珍贵的相处时间。时至今日，回想起那段岁月，也颇觉浓厚而温暖。

然而，因为父亲从未放弃过对生的渴望，谈话中，父亲自然有些避讳，而我也有意不去触碰那些有交代后事之嫌的话题，例如应该怎么去做经营者等。关于工作，父亲也从来没有教导过我具体的方法。

一直以来，父亲所秉承的都是“让孩子自己去思考”的教育方针，不会苦口婆心地去说教。按照父亲的说法，一个人，只有亲自经受苦难、迷茫、一次又一次的碰壁，才能真正地成长。

父亲生病期间，我们曾多次去过国内外的大户屋连锁店。走访期间，即便我主动请教父亲“应该重点看哪里呢?”，父亲也从来不会告诉我答案。“听从你自己的感受，那才是最正确的。”除此之外，再没有别的话了。

于我而言，只要能跟父亲在一起，就已经心满意足了。

尽管身体状态每况愈下，父亲对于事业的热情却丝毫不减。父亲的工作态度，让我受益良多。或许父亲也意识到了这一点，所以才会每天不辞辛劳地给我打电话，召唤我去他的身边。

记得当时，我和父亲经常溜出医院，跑到附近的烤鸡肉串店吃东西。我们一般会在医院晚餐时间结束后出去，熄灯前再赶回来。

“出去吧?”

“好啊。”

成功避开了医生和护士的视线，顺利抵达烤鸡肉串店后，我和父亲总忍不住相视一笑，以庆祝我们的“成功逃脱”。回想起来，那个时候未必是我们隐蔽得好，不过是医生护士网开一面罢了。毕竟父亲命不久矣，索性睁一只眼闭一只眼，成全我们的这份淘气。

我和父亲往吧台座位上一坐，把酒言欢之余，津津有味地吃着烤串。

两个大男人，絮絮叨叨地说着许多无关紧要的话。父亲内心深处，肯定希望能跟我说些更重要的话吧。而我自己，也有一大堆事情想请教父亲。

但我不忍开口。父亲虽身处癌症晚期，却始终不放弃对生的希望。面对如此坚定又积极的父亲，我只得将到了嘴边的话又硬生生地咽回去。

不过，有一天晚上，也是在那家店里，父亲一反常态，郑重其事地说了些听起来有些突兀的话。

“你爷爷走了以后，我之所以能把大户屋发展壮大至此，是因为有你爷爷的保佑，他老人家把魂魄寄附在了我的身上。所以呀，不论我遇到什么事情，你都用不着担心。因为我的一切，也会以同样的方式寄附在你的身上。”

父亲的话，让我备感受宠若惊。为了不让眼泪掉下来，我深深地吸了口气。

尽管父亲求生意志坚定，已做好了跟病魔继续战斗五年十载的准备，但他还是开始了交接的准备。

父亲手中所持有的大户屋的股票要如何转让给三森家的人继承？事关重大，涉及上市公司的资本政策，父亲一边跟有业务往来的银行咨询，一边慎重地制订起了计划。

根据这个计划，父亲，也就是被保人三森久实一旦去世，作为受益人，公司将获取保险金。保险金的一部分将作为创始人酬劳金归属三森家。三森家可用该酬劳金来支付部分股票继承税。

让人始料未及的是，不久之后，这竟成了我与经营层决裂的导火索之一。

最后的出差

抗癌药物治疗很顺利，父亲在被医生告知“生命只剩下一个月”后，又在人间度过了半年的时光。

或许正如父亲所言，他真的能在这场跟癌症的战斗中取得最终的胜利，并长久地活下去。曾几何时，家里人也开始这样期待起来。

遗憾的是，这个愿望最终落空了。

2015 年的 5 月，父亲再次去美国出差。然而，这次的出差却成了父亲生命的绝唱。

父亲计划在美国待 2 周。事实上，在出差美国的前 3 天，父亲还带着我去了泰国、中国香港，当时的行程十分紧张，即使是身体健康之人，也难免会吃不消，更何况父亲还是带病之躯。

在泰国和中国香港，父亲逐一介绍了那些特许加盟店（FC）的老板给我认识。

“犬子年轻，经验也浅，但我会让他全力以赴。所以，还请各位关照。请务必多多关照他。”

父亲向他们深深地鞠躬，郑重地把我托付给了这些老板。直到今天，父亲当时的样子仍历历在目。

从泰国、中国香港回来之后，父亲的身体情况急剧恶化。我和母亲都极力阻止他去美国出差，无奈父亲根本不听，执意要去。

那个时候，“天妇罗松井”店的开业准备已进入最后阶段。店里的菜品、内外装修，事无巨细，父亲都希望亲眼看看，否则总不放心。若这家天妇罗店能被当地人接受，美国事业的前途则一片光明。或许父亲是出于这样的考虑才那般执着吧。

主治医生起初也强烈反对，却始终敌不过父亲的执拗，干脆放弃了，“反正，就算我出言阻止，三森先生也不会听的”，还按出差天数给父亲开好了止痛药。

就在父亲出发去纽约的那天早上，发生了一件事情。

我和母亲将父亲送到了门口。突然，父亲开口叮嘱道：“听好了，智仁，公司就交给你了。”

“哎？”一时间，我竟有些摸不着头脑。正在踌躇之间，父亲已经上了车。

“公司交给我了。”——父亲此言，究竟何意呢？

因为自己接下来两周都不在日本，所以要我替他暂时照看下公司吗？似乎有些说不通。父亲在过往的无数次出差中，从来不曾有过一次这样的“临行嘱托”。又或者是，他意识到自己大限将至，无意间吐露心声吗？

父亲的车子已经走远了，我却望着车子驶出的方向出了神。

那一天是父亲计划回国的前两天。

我接到了在纽约负责大户屋事业的 T 氏的电话。

“会长的样子有点不对劲。你最好直接去成田机场接他。”

往常，都是公司的司机一个人开车去成田机场接父亲。但 T 氏焦急的口吻，明显说明了这一次的事态非比寻常。

终于到了父亲回国的日子。我去了成田机场。

那一天的光景，像烙印一般，深深地刻在了我的心里。在机场到达大厅的人流中，我找到了父亲的身影。一瞬间，我竟呆若木鸡。

只见一个瘦得不成人形的男人，正在缓慢地迈着步子，踉踉跄跄地往出口方向挪动。他几乎把整个身体都搭在了行李车上，总算能勉强支撑着往前走。他实在太虚弱了，仿佛一阵风就能把他吹倒。那个男人就是父亲。行色匆匆的人潮中，父亲显得格格不入。只有他周围的空气是异样的。

发现肺癌之后，父亲的体重虽有所下降，但他始终步伐铿锵、目光如炬，充满着生命的力量。

可是，眼前的父亲，与从前相比，简直判若两人。皮肤和头发光泽尽失，龙钟之态尽显，完全不是 57 岁这个年纪应有的风貌。短短的两周时间，怎么会让一个人变成如此这般田地？

后来，我们才得知，此时，癌细胞已经转移到了大脑。在纽约出差期间，父亲在应答时已经出现异样，让 T 氏和当地的员工好一番惊慌失措。父亲似乎确认到我来接他了，但他的意识一直朦胧不清。

司机每次都会把车子停在机场固定的位置。但父亲半倚着行李车，径自走过了车子所在的位置，好在司机匆忙将父亲追了回来。

两周前，父亲从日本出发之时，明明还能对话如常……凭借着顽强的求生意志，父亲一直在咬牙坚持。活下来的日子，也远远超出了医生当初的预言。曾几何时，我也觉得或许父亲真的可以战胜病魔，一直活下去。我对此报过一丝的希望，但那一天，我投降了，并做好了最坏的打算。

回想起来，父亲在出发去美国的那天，或许也已经有了不祥的预感——美国之行，走着过去，躺着回来也未可知。即便如此，纽约也是非去不可。当工作和自己的性命被置于天平的两端时，父亲一定会毫不犹豫地选择工作。

“公司就交给你了。”——此时此刻，我终于明白了父亲临走前说的这句话的真意。只是这种领悟太痛，让我心如刀绞一般。

把大户屋做大！

2015年5月，父亲从纽约出差回来时，黄金周刚刚结束。

5月中下旬，医生在给父亲做检查时，发现癌细胞已经转移到了大脑。受此影响，父亲的言行愈发变得怪异起来。

恰巧在这个时候，父亲的二哥教雄当选了教授。

父亲成了形式上的发起人，召集公司内外的相关人员，在新大谷酒店举行了就职庆祝会。原本父亲应该上台发表讲话，但那时的他已经瘦得皮包骨了，身体状况也日益恶化，周围的人，包括他自己，无奈之下都只好作罢。

可是那一天，父亲却突然提出“想说几句”。节目单里，本没有安排父亲发言的环节，父亲大概是按捺不住想要为哥哥送上祝福的心情吧。在场的每一位或许都抱着同样的想法。

让人意想不到的是，父亲在拿到话筒之后，目光并未落在当天的主角——教雄伯父身上。只见他径直看向了我，开口说了起来。

“智仁！你告诉我，现在大户屋有多少家店？”

“400 家左右。”

“没错。那你想做到多少家？”

“我想先做到 500 家。”

“混账东西！500 家算什么？你要做到更多！智仁，你听好了，一定想办法把大户屋做大！”

父亲突如其来的咆哮似的发言，震惊了四座。

在座的宾客似乎都已不复存在，整个会场仿佛只剩下了我和父亲两个人，父亲用灼灼的目光凝视着我，情绪十分激动。一旁的母亲试图打断父亲，小声地提醒道“今天是来给二哥庆祝的”，可父亲却全然不顾。

我已经记不清父亲的发言持续了多久。或许 3 分钟，又或许 5 分钟吧。

事发突然，我根本无从防备。父亲咄咄逼人的气势一泻而出，让我毫无招架之力。

脑子里只剩下那句“要把大户屋做大！”在久久回荡着。父亲应该还说了些别的什么，但无论我如何回想，却始终记不起一二。

然而这些话竟成了父亲留给我的遗言。在生命弥留之际，为了给儿子留下只言片语，父亲用尽最后一丝力气，声嘶力竭地呐喊着。

最初，也是最后一次“示弱”

6月下旬的某一天，父亲强行向医院申请了外宿。彼时，教雄伯父的就职庆祝会已过去了两周左右。

或许父亲已经预感到了，这可能是他最后一次外宿。既然如此，他更希望在充满回忆的家里，一家三口安静地度过一段没有外人打扰的亲密时光。

然而，父亲才刚到家，全身就开始痛起来。

母亲试图通过按摩帮父亲舒缓疼痛，却丝毫不起作用，父亲痛苦地呻吟起来，声音越来越大。最后，他终于忍不住叫了起来。

“我不行了！干脆杀了我吧！”

这是父亲第一次，也是最后一次在我和母亲面前说泄气的话。

此时，癌细胞已经转移到大脑，父亲没法再像以前那样正常去思考。所以，大脑才会违背父亲的意思，把真实的感受释放，让父亲吐露肺腑之言吧。

第一次看到父亲“示弱”，我和母亲都颇感惊讶，但更让我们震惊的是父亲说的话。他竟然想要离开这个他深深眷恋着的世界。

最终，我们在家里待了不过几分钟，就匆匆地让等在外面的车子把我们又送回了医院。

几天后，父亲陷入了昏迷。

昏睡状态持续了差不多一个月后，在亲人的守护中，父亲安详地闭上了眼睛。

死亡时间是2015年7月27日，凌晨4点1分。享年57岁。

我原以为我们已经做好了心理准备，可以平静地面对父亲的死亡。毕竟，一年前医生就宣告了父亲“只剩下一个月”。但面对着父亲的遗体，我和母亲还是抑制不住心中的不舍，悲痛欲绝。

那一天是星期一。正是大户屋总部召开员工全体大会的日子。早上，运送父亲遗体的灵车从港区的医院往家里开时，特意在东京·三鹰的总部作了短暂的停留。有这么多员工来为父亲送行，他老人家想必很幸福吧。

开辟完亚洲市场之后就是美国。美国之后，再往欧洲进军……

父亲曾梦想着，要将大户屋的旗帜插满全世界。

只可惜，天不遂人愿。父亲绝不会甘心就这样离开。他一定很想多活些时日，想把和食文化传播到更远的地方。尽管父亲最终未能如愿，但他已经为大户屋的海外事业，打下了十分坚实的基础。生命不止，步履不停，父亲身上这种对事业的执着和献身精神，也是他留给后人的一笔宝贵财富。

为了开拓事业，父亲不惜付出生命的代价。究竟是什么让父亲心志如此坚定呢？

我在整理父亲遗物时，无意间发现了一张照片。照片被珍藏在钱包里，上面的父亲还是小学生模样，旁边站着的正是他的亲生母亲。

大概是因为被贴身保管了太长时间，照片已经有些模糊不清了。我们从未见过这张照片，甚至不知道这张照片的存在。

父亲为什么要偷偷地珍藏这张照片呢？这张照片不仅关乎父亲的出身，也正是父亲的精神源泉之所在。正是它造就了身为事业家的父亲。

商人之家的渊源

父亲如今长眠在山梨市的万福寺。

跟县厅所在地甲府相比，山梨更靠近东京些，是一座恬静的城市。

在这里，葡萄、桃等果树栽培十分盛行。近年来，山梨作为甲州葡萄酒产地，逐渐为人们所熟知。以市名直接命名的山梨市车站有“特急 KAIJI”停靠，往来东京的交通也十分便捷。初秋时节一到，这里便游人如织。游客们大多为了葡萄而来。放眼望去，成片的葡萄园将这片土地点缀得如诗如画。

三森家的本家坐落在一个叫下栗原的村落里。村落距离山梨市车站大约 10 分钟的车程。

本家由父亲的长兄三森智文继承。智文伯父在这片土地上住了一辈子。

屋舍前有一大片空地，大约 2000 坪①。2003 年以前，这里

① 坪，日本面积单位，1 坪约合 3.3 平方米。以下同。译者注。

一直在运营观光葡萄园。后来，葡萄园关门了，大户屋便买下了这片土地建研修基地，用来给新员工做烹饪培训等。此外，大户屋还在其中的一块地方建了一个植物工厂，专门用来栽培零农药蔬菜。有时，这里的蔬菜也会直接供应大户屋的店铺。

道路一旁立着的广告牌，曾醒目地写着“大户屋研修中心”。父亲死后，上面的字被换成了“大户屋集团创始人　三森久实诞生地”。

父亲的长眠之地万福寺，是一座距离本家不过 100 米左右的小寺庙。进入墓地后，首先映入眼帘的就是三森家本家的墓。再往里走几步，看到的仍是一些同样姓氏的墓碑。

在山梨市，姓“三森”的人有很多。据传，三森家出生于京都的水森神社附近。战国时，武田信玄的正室三条夫人从京都嫁过来时，他们也跟着一并迁移到了甲斐国。

到了江户时代，三森家开起了客栈，商号“大土屋”，后改为“大户屋”。当时的甲州街道，以日本桥为起点，到长野·下诹访为止，遍布着 46 处驿站。其中，第 37 处便是栗原宿，与上野原宿、甲府柳町宿并称甲斐国三大驿站，曾一度风光无限。而大户屋就曾是盘踞在栗原宿上的一家大客栈。

大户屋的家主，靠经营客栈积攒了不少财富，也因此得以在江户时代就获准拥有了自己的姓氏以及在公共场合自称姓氏的权利[①]。当时的家主取了“三社”为姓，大概是借用了水森神社之名吧[②]。

后来，江户时代结束，明治时代开始。伴着时代变迁的浪潮，三森家关闭了已经结束了历史使命的客栈，转而做起了粮食生意。三森家在自家用地上建起了精米所以及谷仓，据说也曾繁荣一时。也就是在这个时期，姓氏由“三杜”变成了“三森”。

随后，时代继续更迭，日本进入大正、昭和时期。战后，随着甲州街道上笹子隧道的开通，东京等地的观光客陆续涌入山梨市。于是，父亲的祖父又干起了观光葡萄园的营生。

可见，三森家的祖祖辈辈都是生意人。我们的血液里流淌着的都是商人的基因。

历史上，甲州这片土地上除了我们一族之外，还有许多其他姓三森的家族。虽然我们与他们并无直接瓜葛，但他们当中事业有成者也大有人在。

万福寺里那些三森姓氏的墓地，也都与我们沾亲带故。就在那一座座年代久远的墓碑之中，有一块崭新的墓碑，那便是父亲的长眠之地。

---

① 日本平民的姓氏是从明治维新时期才开始出现。江户时代的平民没有姓氏，也不可以在公共场合自称姓氏。译者注。

② “三社”的日语发音为“mi tsu mo ri”，“水森”的日语发音为“mi zu mo ri”，二者十分接近。译者注。

这块墓地曾由父亲亲手建造。山梨这片故土，对于父亲而言意义重大。他一直希望将来有一天能埋骨此地。只是我们谁也没有料到，这一天竟来得这么快。

墓碑上，除了父亲的名字之外，还刻着三森荣一、MAKOTO。他们是父亲的父母，也就是我的祖父母。但他们并非父亲的亲生父母。荣一爷爷原是父亲的伯父。

父亲在 15 岁中学毕业那年，就到当时住在东京的荣一爷爷、MAKOTO 奶奶处做了养子。他们二老膝下无子，父亲的祖父智次太爷爷就做主，让荣一爷爷过继弟弟方策家的三儿子做养子。事实上，打从父亲一落地，这件事情就已成定局了。只是谁也不曾想到，这个婴儿竟被命运赋予了一项重大使命——将大户屋发扬光大。

大户屋食堂的诞生

事实上，荣一爷爷跟他的前妻曾有过一个女儿。不幸的是，她在 1 岁时意外夭折了。

荣一爷爷和父亲的墓旁立着一个小小的地藏和尚[①]，那里便是她的墓地了。说起来，那个孩子的忌日竟跟我的生日是同一天。听到这个消息时，我十分震惊，感受到了一种冥冥之中的天意。

因为幼子夭折，荣一爷爷与前妻分开了。此后，他便一蹶不振，沉溺于酒精不能自拔，开始过上了荒唐至极的生活。周围的人屡屡试图劝阻，无奈竟毫无作用。

智次太爷爷，作为三森家的一家之主，原本就是个极严厉的人，自然见不得儿子这般作风，一怒之下，竟跟荣一爷爷断绝了父子关系。但所谓的“断绝关系”，不过是在同县的石和温

---

① 日本人相信地藏和尚是儿童的保护神，能护佑早夭的孩子。故遭遇流产、死胎或孩童早夭的父母们，都会虔诚地供奉一尊地藏菩萨，以此来缓解内心的伤痛。译者注。

泉处给荣一爷爷另外建了一处房子，让他在那里工作而已，顶多算是把他从栗原的村落赶了出去。实际上，智次太爷爷一直都挂念着荣一爷爷。

被赶出家门后，荣一爷爷的生活仍毫无起色。

就在这个时候，他遇到了 MAKOTO 奶奶。当时，她正在经营一家不起眼的烤鸡肉串店。对于 MAKOTO 奶奶的过去，我们无从知晓。只听说，荣一爷爷很快便开始在 MAKOTO 奶奶家留宿，过起了“吃软饭”的日子。

后来，或许是发生了什么让 MAKOTO 奶奶无法继续在山梨生活的事情，又或许是她想和荣一爷爷一起躲到大城市的某一个角落悄悄地过日子，她关掉了甲府的店铺，打算去东京开店。于是，他们二人就搭上了中央线。

到底要把店开在哪里呢？彼时，他们的心里并没有什么主意。

机缘巧合，他们在三鹰站下了车。

听到三鹰的时候，或许已经有人觉得诧异了。三鹰正是现在大户屋的总部所在地。我们总部的大楼就位于距离三鹰站步行两分钟的地方。2010 年，大户屋在辗转了丰岛区、田无市、新宿区之后，最终将本部迁回了三鹰。

在三鹰站周边（含武藏野市），盘踞着以 Skylark（云雀）为代表的多家餐饮连锁店的总部。各家之所以不约而同将总部设在此地，是因为这里被视为创业能否成功的“试金石”——

居住在这片区域的人群，收入相对平均，若店铺可在此地获得成功，那么拓展到都内全部区域甚至全国也不成问题。

对于大户屋而言，除了上述地方性的原因外，还有一个考虑。这里到大户屋曾经的植物工厂、现在的研修中心所在地山梨的交通十分便利。但我认为，之所以选择靠近山梨的三鹰，应该还有一个原因——那就是父亲的望乡之情。或许，父亲脑海里的某个角落还隐藏着另一个原因——这里是荣一爷爷和 MAKOTO 奶奶离开山梨后，最初踏上的土地。

还是接着讲荣一爷爷和 MAKOTO 奶奶的故事吧。

背着亲戚，私奔似的逃离了山梨的两个人，在三鹰住了下来。然而，就在烤鸡肉串店的开张有些眉目的时候，荣一爷爷的父亲，智次太爷爷发现了他们的藏身之所。

两人再度逃离。这一次，他们选择离开山梨，往中央线都心方向去。他们在新宿站搭上了山手线的外环电车，并在池袋站下了车。

MAKOTO 奶奶是否在池袋开过烤鸡肉串店，无从确认。但在餐饮店密集的池袋，一个初来京城的女人要成功经营一家烤鸡肉串店，想来也不是容易的事情。大概是为生活所迫，荣一爷爷也开始找起了工作。

他最终找到了。那是一家位于池袋的大众食堂。食堂位于车站东西两口，分别叫作“丸善食堂”和“元禄食堂”，老板是同一个人。

荣一爷爷在这家食堂开始没日没夜地工作了起来。

智次太爷爷后来得知了他们夫妻辗转到了池袋的消息。看到儿子浪子回头、努力工作的样子，太爷爷放弃了要带他们回山梨的想法。

逃亡期间，荣一爷爷一直化名为“中岛荣一”。洗心革面之后，荣一爷爷在东京开始了他的新生活。深感欣慰的智次太爷爷，决定在暗地里偷偷支持他们。

荣一爷爷确实有经商之才。接手管理东口的丸善食堂后，店里生意一日胜似一日地兴隆起来。

或许是因为自己年事已高，食堂的老板提出要把东口店转让给荣一爷爷。无奈荣一爷爷存款微薄，无钱接手。

正一筹莫展之际，智次太爷爷不知从哪里听说了这个消息，来到了荣一爷爷住处，亲手将一笔相当于今天 4000 万日元的巨款交给了荣一爷爷。

就这样，荣一爷爷在池袋车站的东口拥有了一家自己的店。1958 年 1 月，荣一爷爷将店名改成了“大户屋食堂”。

正如我之前所述，“大户屋”是三森家在江户时代经营的客栈的名字。智次太爷爷默许了荣一爷爷使用大户屋的招牌。由此可见，父子二人，芥蒂已无，此前种种已然冰释殆尽了。此后，荣一爷爷也丢掉化名，再度用回了本名。

建立收养关系

荣一爷爷有了自己的店之后，每天忙得不可开交，但也久违地过上了安稳的日子。

只可惜，他们夫妻二人与孩子无缘。创立大户屋食堂的时候，荣一爷爷已经快 40 岁了，MAKOTO 奶奶也一样。

荣一爷爷虽然离开了山梨，但他三森家长子的身份不变。他必须为三森家传递香火。

于是，智次太爷爷就盯上了荣一爷爷的弟弟方策的孩子。

就在荣一爷爷开店的事情已成定局之时，智次太爷爷召集家族成员开了一个家庭会议。会上，智次太爷爷宣布了“把方策家的小儿子过继给荣一做养子”的决定。

当时，方策爷爷已经有了长子智文、次子教雄，三子即将出世。

1957 年 11 月 18 日，我的父亲三森久实出生了。15 年后，他被过继给别人做养子的命运也拉开了序幕。作为父亲的生母，喜美子奶奶的心情又当如何呢？每念及此，总让人忍不住唏嘘。

父亲的长兄智文伯父，作为未来的一家之主，备受重视。后来，智文伯父继承了老家的葡萄园。次兄教雄伯父，自小成绩优秀，在当地颇受人赞誉，很早便立志从医，如今志向已圆满实现。

作为三森家的三儿子，父亲却不怎么爱学习，与仅一岁之差的教雄伯父形成了鲜明的对比。但父亲凭借其他方面的才华，也在当地博得了一些微名。父亲的棒球打得很好。自小学到中学，始终担任第 4 棒，是队里的主力投手。父亲一直梦想成为一名职业棒球选手。

那个时候，父亲一心扑在棒球上，而荣一爷爷就是他最忠实的粉丝。他常常看父亲练习，眼神无比专注。荣一爷爷也酷爱棒球，甚至持有高中棒球的评委资格。看到父亲，这个即将成为自己养子的孩子，为了棒球废寝忘食至此，应该也会觉得是某种缘分使然吧。

在父亲还很小的时候，荣一爷爷和 MAKOTO 奶奶就常常不辞辛劳地来山梨看望父亲。每次来都会带上许多礼物。或许是希望借此赢得父亲对他们夫妻二人的好感吧。他们也会给智文、教雄两位伯父带礼物，但他们对待父亲的一言一行，总显得特别些。有一次，他们居然送了父亲一沓（12 根）球棒。

每逢暑假和春假，父亲总会去东京荣一爷爷家住上一段时间。

许多年后，父亲还曾在我面前回忆过这段经历。

“我从你荣一爷爷、MAKOTO 奶奶那里得到了许多东西。他们对我的疼爱无处不在。兄弟三人当中，我是最笨的。我心想，反正将来要靠运动吃饭，比哥哥们笨一些，也无所谓。

“你荣一爷爷却常说‘这个家伙，脑袋最灵光’，他还总跟我母亲（生母）说，‘你们家老幺，脑袋最灵光’。

“我被他这么夸，自然觉得开心。但因为平时从未听其他人这样夸过我，也觉得有些不习惯。真要比聪明，那还是二哥（教雄伯父）更胜一筹吧。虽然上的是同一家补习班，但我跟二哥不同，成绩一塌糊涂，也没什么心思学习。补习班的老师自然也不待见我。我也一直备受冷遇。

“所以，当你爷爷夸我脑袋灵光的时候，我心里别提多高兴了。心想，你爷爷真是个好人（笑）。当时，我甚至还想，要是我把用来打棒球的时间都用到学习上，说不定比哥哥还要厉害呢。”

打从父亲记事起，家里的人就不时跟父亲灌输“中学毕业后，要去做荣一伯父的儿子”的想法。或许是怕长大后再提此事，会引起父亲的反感吧。与其如此，倒不如早点让父亲知道，这样也是为了父亲好。

父亲对此倒也没怎么反抗，很平静地就接受了自己的命运。

只是，作为父亲的生母，喜美子奶奶又是怎么想的呢？看到荣一爷爷疼爱父亲的样子，喜美子奶奶又该是怎样的心情呢？

俗话说得好：老幺惹人爱。然而，这个让人无比怜爱的孩子到了 15 岁却要离开自己的身边。念及此，喜美子奶奶又怎能不把她所有的爱都倾注到父亲的身上呢？

老幺型经营者

喜美子奶奶究竟是怀着怎样的心情将父亲抚养长大的呢？父亲又是怎样回应这份心情的呢？为何父亲没有反抗，而是老老实实地接受了命运的安排呢？

我虽抱有这些疑问，却从来没有询问过父亲本人。不过，我从别处听说，父亲生前说过下面这样的话，或许可以从中找到这些问题的答案。

“所谓买卖，往大了说，那绝对就是一种博爱。因为经营理念本身就是一种爱的体现。

“做买卖，其实就是通过各式各样的工作，去为大众服务。若买卖不能给人以帮助，就无法兴隆。制造新的东西也好，开发很厉害的技术也罢，其结果都是要为人类社会服务。所以，要为人类社会做贡献的理念很重要。一旦偏离这一点，公司绝不会长久。虽然社会需求会随着时代的变化而变化，但买卖的根本却始终在此。只有技术而没有理念是不行的。没有理念的支撑，社会总有一天要崩溃。那这些理念从何而来呢？归根结底还是来自一颗博爱之心。

“所以，创业成功人士当中，有很多都是家里的老幺。松下幸之助也是。幸之助的家里有 3 男 5 女共八个兄弟姐妹，他排行最末。

“我调查了一下，发现还有很多这种情况。一般老幺在家里总会得到母亲更多的关爱。所以他们身上都继承了母亲厚重的爱。这份浓浓的爱就好似肥沃的土壤，经营理念的种子在它的滋养下，自然就慢慢地开出花来了。”

原来，父亲还偷偷地调查了那些经营名人在家里的排行。当他发现许多人都跟自己一样，是家里的老幺，应该共鸣颇深吧。

而且其中还有松下幸之助。他可是父亲为之倾倒的对象。

家里的书房摆着许多松下幸之助的著作。

父亲也曾两度参观幸之助建在京都的别宅“松下真真庵”(现为松下迎宾馆)。他也是大阪府门真市“松下博物馆　松下幸之助历史馆”的常客。

幸之助的家里，由于父亲生意失败，10 口之家陷入赤贫。幸之助 9 岁时，从初级小学辍学（就读 4 年级时)，从和歌山到大阪一家火盆店做学徒。母亲在给身为老幺的幸之助送行时，忍不住流下了许多眼泪。当时，母亲还多番拜托同一车厢的乘客，请求他们一路帮忙照看幸之助。

一个孩子，在 9 岁的稚嫩年纪就要跟母亲分离，其中的痛苦非笔墨和言语所能形容。一旦给别人做了学徒，是没办法轻易回家的。此次一别，或许一辈子都无法再见了。当时的他们或许就是带着这样的心情离别的吧。

全身心地感受着母亲给予的爱，年仅 9 岁的幸之助踏上了驶向大阪的列车。命运之神如此安排，却为“经营之神”的诞生培育了土壤。

我想，父亲一定是从幸之助的遭遇中联想到了自己的经历。

父亲在中学毕业后，就离开了家。虽然这次的别离，在 15 年前父亲出生之时就已经注定了，但他的生母还是忍不住痛哭了一番。父亲离开后，她蜷缩在房间一角哭得浑身颤抖的样子，智文大伯以及在场的所有人至今记忆犹新。

这一幕，父亲从未跟我提起过。

小时候，对于自己有 3 个祖母①一事，我曾耿耿于怀了许久。一个是母亲这边的外婆，一个是父亲的生母，住在山梨的喜美子奶奶。还有一位，就是住在池袋的 MAKOTO 奶奶，她是父亲的养母。

我的朋友们都只有两个祖母，为什么唯独我有 3 个呢？长

① 日语中的“祖母”指父母双方的母亲。译者注。

大后，虽然慢慢了解了其中的原委，但我从不敢向父亲询问一二。15 岁就给人家当养子的经历，是父亲心里无法抹去的悲伤。身为儿子的我，是绝不能贸然去揭开这块伤疤的。

15 岁究竟是怎样的年纪呢？

回想一下我自己的 15 岁，当时的朋友中，或许也不乏有人由于处于叛逆期，开始避讳身为异性的母亲。15 岁的孩子，精神上、身体上都开始向成人蜕变。对于父亲 15 岁离家这件事情，或许也没有必要过度解读，甚至大书特书。只是，于父亲而言，这将是心里永远也割舍不掉的一种情怀吧。如此而已。

孩提时期的父亲，身上“大哥气质”浓厚，也颇具领导力。父亲虽不是那种整天黏着母亲的孩子，但他心中的悲伤、不安、寂寞之情，或许丝毫也不亚于他的生母吧。父亲离开后，两个哥哥依旧可以过着跟从前一样的生活。为什么只有他自己要承受别离的痛苦……父亲心里就算有这样的抱怨，那也是人之常情。

更何况，正如父亲自己所说，他的生母对他倾注了满腔的爱。或许他的生母也曾想过要给予几个孩子平等的爱，但对于这个只能一起生活到 15 岁的老幺，她又怎么能不另眼相看呢？

正因为如此，当分离的那天到来时，这个懂事的 15 岁少年才会从容地接受了自己的宿命。他只能将对生母拳拳的不舍和爱深深地刻在心里。

荣一爷爷和 MAKOTO 奶奶，打心眼里疼爱着父亲。所以父亲在池袋的家里，只字不提他对于生母的眷恋。或许是担心这种感情会伤害到他的养父母吧。他没有办法将心中的悲伤一吐为快，只能默默地藏在心里。

父亲从亲生父母、养父母那里得到了比常人多一倍的爱。复杂的境遇，让他难以一吐对生母的爱。这些情感就像一条一条的线条，勾勒出了父亲后来作为经营者的人生轨迹。

就这一点而言，父亲和幸之助可谓同病相怜。所以他才会对幸之助 9 岁就跟母亲分离的心情感同身受吧。父亲珍藏在钱包里的那张与生母的合照，就是一个明证。

帝京高中棒球部

父亲搬到东京后，很快就进了帝京高中。

之所以选帝京，是为了进军甲子园。

当时的帝京高中，棒球强校的名气虽不及今天，但也算是其中的佼佼者了。更何况，学校还请来了帝京大学棒球部 OB 前田三夫来担任教练，定下了 3 年内进军甲子园的目标和计划。据说，酷爱棒球的荣一爷爷跟前田教练曾有过几面之缘，所以才让父亲去了帝京高中。

高中时代的父亲，几乎没日没夜地练习棒球。听闻，刚从山梨乡下小镇来到东京时，父亲曾被棒球部的队员们欺负得厉害，但这也只是传闻，实际情况无从得知。只知道，那个时候的父亲，为了进军甲子园，可谓拼尽了全力。或许也只有在打棒球的时候，父亲才能暂时把老家山梨、生母的种种，都统统抛诸脑后吧。

可惜天不遂人愿，进军甲子园的梦想最终化为泡影。帝京高中在父亲那一届毕业 3 年后，终于实现了进军甲子园的夙愿。

虽说父亲也曾获得了专业球队、业余球队星探的注意，并获得了个人比较好的成绩，但遗憾的是，职业球队并没有向父亲抛出橄榄枝。

毕业在即，父亲不得不重新考虑自己的出路问题。

荣一爷爷十分希望父亲可以继续读大学。到了大学，若能继续打棒球，成为职业选手就还有一线机会。就算做不了职业选手，为了父亲的将来，读个大学也是好的。或许荣一爷爷是这么想的吧。

但父亲并不这么想。早在进军甲子园的梦想破灭时，父亲对于棒球的热爱就已经燃烧殆尽了。若是进不了棒球部，即便上了大学也只会惯出游手好闲的毛病。与其浪费生命，倒不如趁早就业。在决定了要找工作后，父亲索性丢掉了高中时代喜欢用的棒球手套。处事果断不犹豫的个性似乎是与生俱来的。这个性格特点在父亲成为经营者之后也发挥了很大的作用。

虽说要下定决心找工作，但大户屋食堂根本不在父亲的选择范围内。因为，荣一爷爷压根儿就没想过要让父亲继承食堂。

当时的大户屋食堂，生意蒸蒸日上，已经成了池袋一带无人不知的食堂了。还记得最初开业时，父亲才两个月大，待父亲 18 岁高中毕业时，大户屋已度过了 18 年的发展期。装修虽略显陈旧，但“全品一律 50 日元”的生意模式新奇，曾被顾客们亲切地称为“50 日元食堂”。来店顾客曾接连几天达到千余人，生意十分兴隆。

大户屋食堂算不上大型店铺，1 楼和 2 楼加起来不过 48 坪，却大胆降低单品价格，并按照均一价格提供。这种通过营造实惠感和安心感来提高座位周转率的营销理念，十分前卫。

店里的生意如日中天，若父亲不想继续上大学打棒球，大可直接让他来店里帮忙，将来继承这家店。就当时而言，若荣一爷爷给了父亲这条路去选择，也并不奇怪。但爷爷并没有这个打算。至于其中的原因，据我推测，或许是父亲并不是他的亲生儿子吧。

荣一爷爷似乎很热衷和擅长做大众食堂的生意。只是，店里的员工多是流离失所的“流浪者”，顾客当中，也有不少是赌徒。

荣一爷爷自己性格也有些暴躁，据说盘踞在池袋一带的流氓混混也对他有几分顾忌。或许正因为如此，他才不想把自己的生意交给哥嫂的孩子继承吧。

那个时候的父亲，生命中除了棒球，什么也没有，更别提什么梦想了。荣一爷爷很担心父亲，于是托人联系上了当时在帝国酒店做厨师长的村上信夫先生。

村上先生曾负责过 1964 年东京奥运会运动员村的饮食。其后，他长年在帝国酒店担任厨师长，是一位赫赫有名的法式料理巨匠。一个是当时堪称日本第一家日来客人数达千余人的 50 日元食堂的老板，一个是日本顶尖的高级法式料理大师，风马牛不相及的两个人，却因为父亲的工作而产生了交集，说起来也是一件趣事。

不管怎么说，在村上先生的介绍下，1976 年，父亲终于顺利进入了新宿的西餐厅工作。据说，荣一爷爷原本希望父亲将来有一天成为一位法式料理厨师。按照爷爷和父亲的计划，父亲先在日本修炼几年，再去法国留学积累经验，回国后再开一家法国料理店。

然而，后来发生的一件事情，让父亲的人生列车瞬间改变了轨迹。荣一爷爷突然去世了。

养父的骤然离世

话说回来，荣一爷爷为何能凭借日式套餐店大获成功呢？我想，其中一个理由就在“家”里。

正如我在前文所述，三森家自江户时代的客栈生意开始，经明治时代的粮食批发生意，到战后的观光葡萄园，一直在跟随时代的脚步进行生意转型。家族子弟中，经营铁匠铺之类的生意人也不在少数。因此，亲戚们只要一聚会，必然会谈到生意的话题。你一言我一语的闲谈中，信息得到交换。碰撞之间，智慧的火花迸发，滋养出更多的生意门道。

父亲生前亦是如此。

只要一回到山梨，他就一定会给亲戚们打电话。

亲戚中也有经营大户屋特许加盟店（FC）的人，父亲喜欢跟他们探讨“生意经”，“这样做的话，顾客一定会很开心”“怎样才能做出更好吃的米饭呢？”等。即使喝了酒，父亲也从来不会去漫天胡扯，酒话里也全是工作。“做生意，一定要时刻想着为顾客谋福利”的理念，更是父亲对亲戚们的老生常谈。

我想，这样的氛围绝非我们三森家独有的。任何一个家族，生意人一多起来，很容易变成这样吧。荣一爷爷应该也是在家人和亲戚们“生意经”春风化雨般的滋润下长大的吧。或许，这些“生意经”就像摇篮曲一样，早已深入荣一爷爷的骨髓了吧。

当年，痛失爱女后，荣一爷爷也曾自暴自弃过。他之所以能从绝望中振作、全身心投入生意并最终取得了成功，一定是他在三森家耳濡目染的那些“生意经”发挥了作用吧。

始终站在顾客的立场，坚定地在为顾客谋福利的道路上殚精竭虑。正因为如此，全部商品一律 50 日元的奇思妙想才会浮现出来并最终得以付诸实践。

然而，荣一爷爷自己却倒下了。彼时，父亲刚进入西餐厅工作半年。

荣一爷爷是个不折不扣的好酒之人。那个时候，他几乎每天都在食堂工作到深夜，却仍然酒不离身。不健康的生活习惯导致了肝硬化，为此，荣一爷爷还住了几次院。父亲入职西餐厅那会儿，荣一爷爷终于支撑不住了。

于是，MAKOTO 奶奶就向父亲开口了，问他是否愿意来店里帮忙。

就这样，父亲向就职的西餐厅递了停职申请，进了大户屋。

父亲一边在食堂帮忙，一边等着荣一爷爷痊愈归来。只可惜，事与愿违。荣一爷爷于 1979 年 1 月，因为肝硬化永远地离开了我们。享年 57 岁。

36 年后，父亲自己也在 57 岁的年纪病逝了。这种巧合不禁惹人遐想。只是纯粹的偶然吗？还是某种超越人类认知的什么东西，冥冥之中的有意安排呢？

正如我在前文所述，父亲确实亲口说过这样的话："我之所以能把大户屋发展壮大至此，是因为有你爷爷的保佑，他老人家把魂魄寄附在了我的身上。"

现实中，这种事情或许根本不可能发生。但他们两人确实都在 57 岁的年纪离开了人世。或许荣一爷爷真的寄附在了父亲身上也未可知。荣一爷爷借用父亲的身体完成了他的未竟事业，将大户屋一举发扬光大了。

洗刷污名

荣一爷爷去世后，MAKOTO 奶奶备受打击，竟也一病不起。

当时，父亲才不过 21 岁。对于餐饮店的经营，父亲虽一窍不通，但他深知大户屋对于荣一爷爷的意义，那可是他敬爱的父亲一手建立起来的食堂。父亲下定决心要继承家业。

事实上，荣一爷爷在弥留之际，曾留下过遗言。

“我死了之后，暂时让方策来管理店铺吧。”

方策是荣一爷爷的弟弟，也就是父亲的生父。

方策爷爷在山梨经营观光葡萄园。虽然他对于餐饮店经营也无甚经验，但比起 21 岁的毛头小子还是强的。或许荣一爷爷是出于这样的想法才让他的弟弟来接管的吧。

当时，荣一爷爷还说了这样的话。

“要是不想做的话，就别管大户屋了。走你自己喜欢的路就好。”

然而，父亲并没有把荣一爷爷的遗言告诉家人，而是直接做了食堂的店主。

21岁的父亲，为什么要做这样的决定呢？他又在想些什么呢？

我想他的动机无外乎两点吧。一个是为了表达自己对养父的感激之情。另一个，是要洗刷世人对于养父的不公正评价。

父亲自幼得到养父百般疼爱，早已将养父视为亲生父亲般深爱着。同时，养父身上闪烁着的成功人士光环——缔造了人气食堂——也让父亲对养父的爱中夹杂了不少崇敬之意。但父亲违背了养父的期望，放弃了职业棒球选手的道路。为此，父亲愧疚万分，总觉得自己对养父有亏欠，没能为他做点什么。

所以，他才想去继承养父留下来的大户屋食堂，好好地为养父守住这份家业。父亲要把大户屋食堂做大做好，以此来表达他对于养父的感激之情。

但周围的人对养父的看法未必都是肯定的。

读高中的时候，父亲只知道养父在家里的样子。养父病倒后，父亲开始打理食堂，慢慢地跟当地的商户以及生意伙伴打起了交道，也从他们那里听到了许多不同的声音。直到那时，父亲才意识到一个对他来说有些残酷的事实——原来，在那些人的眼中，养父不过是一个“脏兮兮的日式套餐店的老掌柜”。自己敬爱的父亲在别人的眼中竟如此不堪，巨大的落差给了父亲重重的一击。

大户屋食堂确实有些跟不上时代。

菜肴的品质、服务的质量、清洁度等，无论从哪个方面来看，它都属于池袋一带餐厅中的最低水平。价格实惠是唯一的优势，来店的顾客大半都是学生和兼职者。

那些打着领带的工薪阶层或是女性顾客自然不肯光临。偶尔也有个别女性顾客误打误撞进店，总免不了被其他顾客或者工作人员投以怀疑的目光、上下打量，最终也只得落荒而逃。

尽管如此，大户屋食堂依旧每天客似云来。凭借着“一律50日元”的独特经营模式，大户屋已然得到了广大男性顾客的大力支持。但为何世人对于养父的评价如此凉薄不堪呢？对此，父亲毫不避讳他的“极度不满”，常跟我抱怨。

要怎么做才能洗刷养父的污名呢？办法只有一个。那就是将养父留下的这家店，进一步优化、发展壮大。只有这样，才能颠覆周围的人对大户屋的既有印象，让他们对大户屋刮目相看。

父亲作为经营者的人生，正是起源于这种反抗之心。

食堂走向连锁经营

荣一爷爷生前并未留下任何债务，死后还给父亲留下了几千万日元的存款。因此，钱的问题，父亲并不担心，他所苦恼的是人的问题。

当时，店里的员工大概有 20 人。21 岁的毛头小子要去管理一群比自己大一轮，甚至两轮的员工本身就不是一件容易的事情。加之当时在大户屋工作的人，许多都是一般公司不会雇用的人。他们几乎都是一些因某种原因而流离失所的“流浪者”。荣一爷爷还特意为这些没有容身之所的员工准备了公司宿舍。

许多年后，父亲曾在一次杂志采访中这样说道：

“当年，大户屋是在体育报上登广告招聘住家手艺人的。招来的这些人在给顾客上菜时，嘴里还叼着烟，一副吊儿郎当的样子。一到周末，他们就拿起马报和红铅笔，把顾客丢在一边，自顾自地琢磨起来。”

许多员工性情粗野，往往会因为工作上的一些小摩擦就大打出手，同事间的争吵总是不绝于耳。曾经还出现过员工偷钱逃跑的情况。警察调查后才发现那名员工竟然是一个化名通缉犯。

人才问题，俨然成了大户屋所面临的重大危机。但父亲的心里却藏着另一个目标。

那就是食堂的连锁经营。

20 世纪 70 年代，餐饮产业迅速迎来了发展时机，很快就在历史的舞台上崭露了头角。当时，美国的连锁店理论输入日本，Skylark（云雀）一类的家庭餐厅以及麦当劳等快餐店兴起，店铺一家接一家，如雨后春笋般涌现。

从店面来看，破旧的大户屋食堂确实不及富丽堂皇的餐饮连锁店吸引眼球。但若论起集客能力，大户屋也丝毫不落后。大众食堂一定也能实现连锁经营。店铺一旦铺开，大家对大户屋食堂的评价或许就会改变。父亲暗暗下了决心。

摸索着制定出事业计划后，父亲就直接去了银行。

“我想把食堂打造成连锁店，可否给我提供融资？”

然而，负责接待的银行负责人的态度十分冷淡。

“你说大户屋食堂吗？我可从没听说过食堂连锁。你啊，可不要把自己跟 Skylark（云雀）、麦当劳相提并论哦。食堂怎么可能实现连锁经营呢？融资审查绝不会通过的。你要真想搞食堂连锁，就自己去筹钱，用自有资金去搞吧。”

当时，餐饮业正在逐渐向“餐饮产业”转换。尽管如此，食堂的连锁经营仍面临很高的壁垒。那位银行负责人之所以拒绝融资，或许是因为他知道大户屋的情况吧。说不定，他还曾亲眼看到过池袋大户屋食堂的内外装修，也接触过店里的员工。

我自己也曾在银行工作过短短的两年。我常想，如果当时负责接待父亲的银行负责人是我，我会作何反应呢？或许也不会同意吧。这么说可能有些大逆不道，但若换作是我，无论父亲拿来的事业计划多么完美，我大概都不会点头。

在银行受到一番奚落和冷遇后，父亲开始亲临店铺，起早贪黑地忙碌起来。

无论如何，父亲都要实现连锁经营。怀着这样的信念，父亲义无反顾地扎进了工作。就这样，父亲用 3 年时间筹集了 8000 万日元的资金。

荣一爷爷留下的原本就是一家生意兴隆的店。父亲青出于蓝而胜于蓝，在 20 来岁的年纪，就创造出了远超荣一爷爷经营时期的巨额利润。

凉拌海苔的“存管服务”

父亲的经营为什么能取得成功呢?

其中的秘诀就隐藏在他许多年后的总结中，概括起来就是一句话“无时无刻不在思考如何取悦顾客”。只有每时每刻都想着顾客，才会有源源不断的灵感。有了灵感，再将其付诸实践。大户屋就是在这样的反复实践中繁荣壮大起来的。

说起灵感，不妨举个例子，凉拌海苔的“存管服务”。换言之，就是将市面上买来的瓶装凉拌海苔整瓶卖给顾客，并替他们存管在店里的一种服务。毫无疑问，这个灵感是来源于威士忌的存管服务——给每个瓶子挂上一个卡片，上面写着持有人的名字。当时，店里的货架上赫然摆着 100 多个凉拌海苔的瓶子，场面很壮观。

此举受到了来店顾客的一致好评。因为这样一来，他们便能以极低的价格吃到凉拌海苔了。据说，有的学生甚至还会在囊中羞涩时直接拿它当菜，搭着白米饭就凑合一顿饭。

大户屋别出心裁地推出“凉拌菜存管服务”的消息，还一度登上了报纸。遗憾的是，由于最长保质期只有 3 个月，夏季天气一热，容易发霉变质，没过多久，存管服务也就终止了。

然而，并不是所有的服务都能取悦顾客。

父亲曾尝试过在店里推出牛排，并让顾客用刀叉来享用。当然，牛排的价格可不是 50 日元。现在回想起来，这个尝试未免太过大胆。父亲当时急切地想要改变店铺的既有形象，并将那些西装革履的上班族以及女性顾客都纳入大户屋的客户群。无奈的是，牛排根本卖不动。

父亲还曾在店里导入过带蝴蝶领结的时髦工作服。大众食堂搭配蝴蝶领结，对于那些一直穿着凉鞋上班的员工而言，此举无异于革命。一夜之间，员工们改头换面。顾客们想必也大跌眼镜吧。

工作服之外，父亲还对店里用的器皿进行了大换血。一直以来，食堂用的都是些廉价器皿。父亲特意跑到餐具厨具店铺林立的东京·合羽桥批发街，一口气采购了许多时新又华丽的器皿。当时，父亲甚至还频繁潜入池袋一带的餐厅，不厌其烦地寻找着器皿和摆盘的灵感。

父亲一遍又一遍地试错，虽多次遭遇失败，但尝试了很多新的挑战。面对一次又一次的失败，父亲丝毫不曾气馁过。

记得父亲生前这样告诫过我：

“智仁，你给我听好了。面对失败，如果你什么都不做，那失败永远都只能是失败。只有思考失败的原因，才能探索出新的发现，带来新的发展。一个人最糟糕的就是，因为过度害怕失败而畏首畏尾，止步不前。"

正如我在前文所述，三森家的很多人都是做生意的。父亲自小深受"做生意的铁则就是要为大众服务"之言的耳濡目染。这一点的影响是巨大的。

想要为顾客提供更多的服务、更多的快乐。父亲怀抱着这个纯粹的信念，一路披荆斩棘，孜孜不倦。庆幸的是，顾客们感受到了这位年轻经营者的赤诚之心。店铺每天的来客量达到了2000人。与当初从荣一爷爷手中接管店铺时的来客量1000人相比，增加了一倍。当时，顾客人均消费很低，不过400日元左右。尽管如此，只要能确保如此庞大的来客量，3年筹集8000万日元的资金自然也不在话下。

父亲将连锁经营的梦想告知了员工以及生意伙伴。他们多数都跟那位银行负责人一样，认为"食堂要搞连锁经营，根本不可能"。其中也有个别不一样的声音，认为父亲的想法挺有意思。渐渐地，一些可用之才开始加入大户屋。与此同时，那些态度有问题的员工也不禁自惭形秽，自然就待不下去了。

1983年5月20日，父亲在东京都丰岛区东池袋创办了株式会社大户屋。26 岁的父亲，摇身一变成了董事长兼社长，从此踏上了一条企业经营者的人生路。

1984 年，父亲用攒下的资金作为本钱，在距离山手线池袋站 2 个站距离的高田马场站设立了他梦寐以求的 2 号店。当时，父亲每天早上都会去筑地市场等地去采购店铺用的食材，所以对 2 号店进行选址时，距离 1 号店近成了很重要的条件。

又过了 2 年，也就是 1986 年时，父亲又在东京 · 吉祥寺开设了 3 号店。

池袋、高田马场、吉祥寺，3 家店铺的总销售额达到了 5 亿日元。父亲作为经营者的人生是否会从此一帆风顺呢？

首次遭遇挫折

父亲曾在一次杂志采访时，回顾了一段这样的经历。

“我 20 多岁的时候，从来都没有为钱愁过。那个时候，手头的店铺生意很好，可比现在（注：1999 年）[①] 宽裕多了。出去喝酒的时候，出手阔绰，可受欢迎了（笑）。后来，我在东京・阿佐谷开了一家大盘料理居酒屋，又开始了一些其他的事业，结果都失败了。在大户屋赚的钱全花在了这些地方。”

时值 20 世纪 80 年代后期，经济危机突然爆发。当时，大盘料理店的热潮袭来，父亲也试图顺应潮流，从中分一杯羹。

居酒屋设在阿佐谷车站旁的一栋大楼里，装修十分讲究，店里整日流淌着爵士乐 BGM。跟一律 50 日元的日式套餐店相比，风格大相径庭。

然而，日式套餐店和居酒屋，根本不是一回事儿。它们的酒精比例和顾客滞留时间截然不同。居酒屋的盈利机制尚未明

---

① 文中的（注）均为本文作者注，以下同。

朗，父亲就急急忙忙地开了店，其结果自然不容乐观。完全不赚钱的居酒屋，在苟延残喘了一年后，关门大吉了。5000万日元打了水漂。

除此之外，父亲还加盟了Mos Burger，一家法国料理连锁店。虽然在老家山梨开了3家店，却都不怎么赚钱。但父亲由此结识了Mos Food Service的创始人樱田慧先生。与樱田先生的相遇还对后来大户屋的发展产生了重大影响。

“不知不觉间我被胜利冲昏了头脑，以为大户屋食堂的发展壮大都是自己一个人的功劳。事实上，大户屋之所以能开出第2家、第3家店，应该归功于养父创下的独特经营模式。自己明明只做过餐馆，却偏偏不自量力地去搞什么居酒屋。二者虽说同为餐饮业，但绝不是一回事。手头一有点钱，就自以为是起来。或许人性如此吧。”

在泡沫经济风卷残云的那个年代，父亲也跟许多人一样，一度偏离了最初的轨道，迷失了前进的方向。

父亲曾一心想要壮大荣一爷爷留下的食堂，他渴望有一天能用大户屋食堂的成功，一洗荣一爷爷身上所背负的污名。这份初心此时早已被抛诸脑后。这个时候的父亲，专注于社长的工作，几乎很少再涉足厨房了。

父亲后来又是如何回归正途的呢？纵观三森久实这位经营者的人生轨迹，你会发现，这段弯路中其实藏着一粒能让人生一百八十度大转变的种子。

契机是一场事故。防灾日那天发生的一起火灾，烧毁了大户屋的吉祥寺店。

幼年时期的三森久实与母亲喜美子。
父亲从未跟家里人提过这张照片，一直将其珍藏于随身携带的钱包中。

1958 年开店的大户屋食堂。

三森久实的养父荣一（右）与 MAKOTO

立在山梨市老家的纪念碑。

三森家在山梨市经营的“大户屋葡萄园”

第 2 章

新生大户屋登场

——赋予父亲信念的一位思想家

火灾与天风

1992 年 9 月 1 日深夜，突如其来的一把大火，烧毁了大户屋的吉祥寺店。

起因是某位员工的“不小心”。店铺关门后，他打算将炸完食物的油处理掉，发现由于油已冷却，即使加入凝固剂也无法使其凝固。于是，他便开了火，打算将油加热后再处理。谁料，自己中途睡着了。

所幸，这位员工并未受伤。也没有出现其他负伤人员，火势也没有蔓延到别处。由于店铺所在大楼毗邻 JR 的高架，火灾和浓烟可能造成电车停运，好在扑灭得及时，免了一场骚乱。父亲也松了一口气。

那天正值防灾日。尽管有消防车集结，周围的人大多也只当是在防灾演练。亲自去消防局致歉后，父亲又回到了店里。大火过后，店铺已面目全非。

我常在脑海里幻想那个时候父亲的样子。他会是怎样一副神情呢？

于公方面，就在火灾发生的数月前，大户屋刚买了火灾险。所以，重建吉祥寺店铺的资金是有的。只是，这场火灾来得有些不合时宜。此时，父亲刚经历了居酒屋事业的惨败。若重建失败，父亲将无处可退。

于私方面，父亲在25岁前曾结过一次婚。此时，他已跟前妻离婚，同我的母亲三枝子再婚了。自己的店被一把火烧光，即便为此一蹶不振也实属正常，可据母亲所言，此时的父亲竟格外镇定。

经营者在面临危机时，一般会选择在员工面前故作镇定，但独自一人在办公室或回到家中时，难免会忍不住唉声叹气。可父亲全然不把这个公司的重大事故当回事，只在母亲面前留下了一句颇让人意外的话："一切往前看！"

面对如此艰难的局面，任何人都难免畏首畏尾、举足不前，父亲却能积极地面对这次危机。如果在逆境中能始终保持积极，危局也能变成机会。话虽如此，可父亲又是怎么做到的呢？

我在前文中也曾提及，以吉祥寺店的大胆革新为契机，大户屋实现了飞跃式发展。大户屋华丽地完成了蜕变——曾经那个女性顾客误入后不禁要仓皇逃离的大户屋食堂，摇身一变成了颇受女性顾客青睐的新生大户屋。

吉祥寺店那场火灾前后，父亲的心境究竟发生了怎样的变化呢？我忍不住想要对其一探究竟。其中一定暗藏着某种玄机。而它，正是父亲经营之路的根基所在。

父亲在一家杂志社采访中，曾这样描述自己当时的心境。

“……不过，我还是挺过来了。我把面目全非的吉祥寺店，重新装修成了一家面向女性顾客的新型店铺。我这一步棋算是走对了。以此为转机，大户屋一跃发展成了拥有 384 家（含海外）店铺（注：2014 年的统计数据）的连锁经营店。

“我之所以能在这个时候将危局转化成机会，多亏了中村天风老师的教导。我是在火灾发生的几年前，开始拜读老师的著作的。

“当时，Mos Burger 的创始人樱田慧先生给我推荐了两本书。一本是《年轻的经营者应该学这些》，另一本就是老师的著作《成功的实现》。读后，我颇受感动，以至于后来常随身携带，反复细读。所以，火灾发生的时候，我才能按照老师教导的‘绝对积极’的心态去面对。

“奔赴到火灾现场的那一刻，我的心里其实也涌现过悲观的情绪。但也就只有那么一瞬间。随后，我就开始去从好的方面看待这件事情。所幸，没有人因为这次火灾死亡或者受伤，火势也没有蔓延。

“火灾的起因是员工在加热油的时候睡着了。我第一时间揽下了所有的责任，并跟员工们道了歉。让员工疲劳到那种程度，是我监管不善。

“但我致歉的态度并无丝毫的怯弱。我坚毅而凛然地跟员工们道了歉。因为我知道这个时候我必须道歉，这是我作为一个普通人应该做的正确决断。

“若我们总能遵循自己的良知，果断地去做判断，那么成功自会找上门来。

“这就是天风老师的教诲。

“‘若我们的言行总能发自本心、良心，那我们便能问心无愧，无所畏惧’（选自《成功的实现》）。

“斩钉截铁地道歉后，我全身的每一个细胞仿佛都充满了力量。剩下的就是要回归初心了。我曾经立志要把父亲留下的店铺发扬光大。我要回到这个初心。

“‘眼下的危机，不过是成就鸿鹄之志路上的一段插曲而已。任何困难都不能阻止我。我一定能做到。’

“我这样告诫过自己。……”

绝对积极的精神

那位对父亲产生巨大影响的中村天风，究竟是怎样一位人物呢？

东京都文京区，与大户屋食堂 1 号店所在地池袋，隔着地铁有两站地的距离。这里坐落着许多寺院，其中一座格外大气的寺院悠然矗立其中，它就是护国寺。

从护国寺旁建筑物的台阶下去后，“天风会馆”的牌子便映入眼帘。这位历经明治、大正、昭和时期的思想家中村天风，当年就是以护国寺为据点开展活动的。

天风担任过日俄战争时期的军事侦探。不幸患上了肺结核后，他开始深入思考人生，为了追求真理，不远万里奔赴欧美各国。在回国的路上，天风意外地结识了一位印度瑜伽大师，并随他去喜马拉雅山接受指导，最终成功地战胜了疾病。

回国后，天风现身说法，以自身的经历为基础，开始提倡“身心统一法”。他不仅告诫人们心态的重要性，还教授人们保持此种心态的方法论。

政治经济领域的许多名人，都是天风的粉丝。

例如，京瓷的创始人稻盛和夫名誉会长。“实现新计划的关键在于不屈不挠、全心全意。必须聚精会神，抱着崇高的思想和强烈的意愿，坚忍不拔地奋斗到底。”——稻盛会长将天风的这段话奉为圭臬，据此成就了他的事业家人生。

深受天风思想影响的远不止这些实业家。我在翻阅天风会馆的资料时发现，第35代横纲双叶山，曾担任西武狮队等棒球队教练的广冈达朗，作家宇野千代等也都曾师从天风。最近，原职业网球选手松冈修造也在公开场合表示自己是天风的粉丝。

此外，还有一个不得不提的人物——松下幸之助，他也深受天风的影响。信奉幸之助的父亲会被天风哲学深深吸引，似乎也在情理之中。

天风的教义可高度概括为四个字——“绝对积极”。

所谓“绝对积极”，指的是时刻保持一颗积极而强大的心。与主张超越他人的“相对积极”截然相反，“绝对积极”强调的是一颗不被任何物体束缚的纯粹的积极心。

举例来说，一个人产生了想要战胜疾病的心态，这是相对的积极。若一个人时刻都保持着一种积极的生存方式，积极之心已经纯粹到让他忘却了疾病的存在时，便是绝对的积极。

这不禁让我想起了父亲在与病魔作斗争时的行为。为何住院中的父亲，依旧会每天早上穿好西装打算去工作？为何在生命即将走向尽头之际，他仍然要去纽约出差？原来，父亲一直都在躬体力行着绝对积极的思想。

父亲已经忘却了自己正在跟疾病作斗争，他一心一意，只想实现自己平生的理想。“实现新计划的关键在于不屈不挠、全心全意。必须聚精会神，抱着崇高的思想和强烈的意愿，坚忍不拔地奋斗到底。”——诚如稻盛会长所信奉的这句天风的教诲所言，为了将日式套餐店推向世界，父亲一直坚守着“不屈不挠、全心全意”，直至生命的最后一刻。

说起绝对积极，我想起父亲曾说起过的一段他在帝京高中棒球部时的往事。

“高中的时候，我是主力击球手，担任 3 棒、4 棒。很多人当然会对我寄予厚望。可我偏偏在关键的时候打不中。于是，我就被前田教练叫过去，他向来很严格，一训就训到半夜。我自然火大，心想‘去你的’，然后往击球席上一站，没想到居然打中了。直到现在，我仍觉得那个时候太不可思议了。

后来，我读到了天风老师的书，终于明白了其中的道理。

原来，人体的机能原本就是这样设计的。你心里越是想打中，越是担心打不中要怎么办，就越会不安，越不安就越是打不中。相反，你要是豁出去了，不在意打中或打不中，反而越能从不安中解脱。一旦解脱了，就一定能打中。”

Mos Burger 的创始人

之前的采访中也提到，父亲是在“火灾发生的几年前”才知道天风老师的。那个时候的父亲三十二三岁的样子。吉祥寺店的火灾发生在 1992 年，往回推两三年，也就是 1989 年到 1990 年的时候。

父亲当时在经营 Mos Burger 的特许加盟店（FC）。一次，父亲受邀参加了一场面向加盟店老板的学习会。为此，他还在举办地——山梨县河口湖畔的研修设施内留宿了一晚。

就在那天晚上的联欢会上，与父亲毗邻而坐的 Mos Food Service 当时的社长樱田先生，向他推荐了天风老师的著作《成功的实现》。实际上他和樱田先生之间，似乎还有过一段不愉快的经历。

事情的起因是，父亲提起了一个人物——藤田田。藤田先生是日本麦当劳的创始人，是他将汉堡带进了日本人的生活。父亲大概说了藤田先生是个很伟大的经营者之类的话，一不小心激怒了樱田先生。

日本麦当劳是作为美国麦当劳的特许加盟店（FC）进行推广的。与之相对，Mos 长期致力于开发日本原创汉堡，在各个店铺手工精心制作后提供给顾客。今天，在 Mos 的主页上，我们可以看到这样一则关于樱田先生的描述：

“此外，樱田始终秉承这样一种认识——那些历经千辛万苦开发出来的商品本身并没有生命力，是那些在店里负责制作商品的人，最终赋予了它们鲜活的生命。樱田生前为 Mos 的同人们留下了这样的教诲：

‘生而为人如此美好。活着如此美好。——始终向顾客传递这样的情感是我们最大的使命。精心地制作每一件商品，将最高的品质呈现给顾客，让我们怀着这样的愿望去为顾客服务吧。’

创始人心中这个美好的愿景，至今仍在每一位 Mos 人的心中流淌。”

说起来，这位樱田先生也是家里 10 个兄弟姐妹中的老幺。直到今天，Mos 依然在经营中重视并贯彻着“理念”。或许正如父亲所说的那样，“正因为樱田先生也是家里的老幺，自小受到诸多疼爱，所以才能始终这样经营”吧。

总之，当时的樱田先生迫切地想要告诉父亲：真正的经营者应该持有怎样的心态。

“看来，你一定要读读这本书，学习一下了。”说着，他便在小纸片上写下了书名。

父亲的内心应该是抗拒的。好歹自己也是一个加盟店的老板，怎么能被樱田先生不由分说地教训读什么书呢？可是，就在第二天，他就和前一晚一起“聆听教训”的一个同伴一起，在研修归去的途中，去书店把《成功的实现》买了回来。

起初，父亲只是粗略地读了一下，对书中的意思并不是十分明白。反复翻阅之后，父亲渐渐入迷，对其内容的重要性开始有了觉察。自此之后，这本书便成了父亲随身携带之物。电车里也好，飞机上也罢，一有时间，父亲就会拿出这本书翻阅。年头一久，书已经被父亲翻得发黄、破旧了。

松下幸之助与父亲

天风的身上到底有什么魔力，以至于父亲如此着迷呢？父亲在前面提到的采访中这样说过。

“回过头来看，我在 20 多岁的时候，根本没有所谓的信念。那个时候，经营理念已然明了。日式套餐店，原本就是家庭餐的一个替代品。我们的使命就是，代替顾客的母亲照顾他们的饮食，以促进他们的身心健康。

“但只把经营理念打造出来，是没法产生信念的。我们跌跌撞撞地开启了新事业，得到的却是一次又一次的失败。说白了，就是因为太急功近利了，没有静下心去思考。所以当时，愿意信任我，跟着我一起干的员工也没几个。

“就在那个时候，我接触到了天风老师的思想。

“读了老师的书，我开始觉得所谓成功，就好比樱花绽放一般。樱花树在经历了严冬酷暑、狂风暴雨后，只要春天一到，仍旧会绽放出美丽的花朵。人也是如此，无论遇到怎样的艰难险阻，只要时机一到，一定能取得成功。

“唯一不同的是，人心不足且善变，樱花却不然。它不会去担心自己能否开出花，既然身为樱花自然也不会抱着想成为松树的邪念。

“人却不一样。人往往会偏离自己本应该追求的理想。因此，为了坚定自己的信念，人需要时刻有意识地去关注自己的内心。

“所谓经营理念，说白了就是经营者的良心。经营理念若只存在脑海里是远远不够的，它必须渗透到经营者的心里、身体里，变成他不可或缺的一部分。只有这样，他才能在事业上取得成功。

“为了加深我自己对事业的决心，我不知读了多少遍天风老师的书。不仅如此，我还将这份决心激情澎湃地传递给了我的员工。我觉得也就是从那个时候开始，我在员工间的向心力一下子高涨了起来。

“你是否已建立了自己的经营理念？你是否已把这个理念升华成了信念？天风老师若还在世，我想他一定会这样去质问现在的这些经营者吧。”

在日式套餐店刚开了第一家时，父亲就明确了经营理念。之所以能如此迅速，主要得益于幸之助的影响。

父亲在 20 岁左右的年纪，也就是刚开始在荣一爷爷的大户屋食堂帮忙时，就开始阅读幸之助的书了。父亲在山梨的生父虽说也曾经营过葡萄园，但对于餐饮店经营完全是外行。养母虽协助打理了一段时间的大户屋食堂，但荣一爷爷骤然离世后她也很快倒下了。

当时的父亲，没有任何可以商量的对象，只能自己一个人在黑暗中摸索着前进。带着求救的心理，父亲开始阅读有着“经营之神”之称的幸之助的书。

在接受《企业家俱乐部》这本经营杂志采访时，父亲这样说过。

“我虽然从未见过松下先生，但毋容置疑，他是一位值得尊敬的、伟大的经营者。我第一次读这本书，已经是 30 年前的事了（1979 年左右）。这本《实践经营哲学》里阐述了 20 项经营哲学、理念。每一项都是至理名言。

“根据不同的时代背景、经营状况，尤其值得关注的项目或许会有所不同，但对我影响最大的，也是松下先生花了大量篇幅介绍的，是其中关于经营理念的思考——‘经营企业要树立正确的经营理念’。

“企业经营的目标应该是让人们的生活更美好，让这个世界更美好。道理说起来再寻常不过。只是，人总是容易陷入自私的想法中，认为‘只要自己好就好’。殊不知，‘只要能挣钱就好’的想法未免太狭隘，终究难以持久。要长久经营一家企业，必须树立正确的经营理念，并要始终为大众着想。我从这本书中学到了这些道理。

“认识到经营理念的重要性后，我决定把‘促进健康’作为大户屋的经营理念。时至今日，这份初心不改。”

（《企业家俱乐部》2009 年 12 月号）

荣一爷爷担任店主期间，并没有形成什么像样的经营理念。父亲只能一边投入到尚不熟悉的工作中，一边苦苦思索大户屋食堂在这个世间存在的意义。最终，他将思考的结果凝练成了语言、文字。

父亲思考出来的经营理念便是“促进顾客的身心健康”。简单说，就是要做“家庭替代餐”。但大户屋要“替代”的绝不仅仅是家庭餐本身。全天下的母亲在做饭时都会考虑家人的健康。大户屋食堂要替代的正是这样一颗颗的拳拳真心。

幸运之神并不会眷顾每一个人。总有些人，没有办法每天都吃到家人亲手做的热乎乎的饭菜。

他们或是母亲早逝的可怜人，或是从地方出来的学生，又或是因为单身赴任等原因而一人独居的人。大众食堂的使命就是要为这些人提供家庭餐，促进他们的身心健康。

我们的食堂外表或许并不起眼，却背负了重大的社会使命。

父亲将这份自负也融入了经营理念中。

摸索到经营理念之后，父亲开始思索让来店的顾客乐于再次光临的办法。他一路贯彻着顾客至上的理念，一点一点地改善着店铺经营。这份坚守赢得了顾客的信赖，店铺的生意兴隆起来，第 2 家店、第 3 家店也因此得以创立。一家个体经营的大众食堂，竟煞有介事地打出了明确的经营理念，这在当时应该实属罕见吧。

将理念转化为信念

然而，父亲动摇了。

他开始涉足自己根本不熟悉的居酒屋生意。要把日式套餐店发扬光大的远大理想，被抛诸脑后。渐渐地，他连厨房都不再出入了。

但经营并非易事。远不是只要打出理念，万事皆可步入正轨那般简单。诚如父亲所言，其中还有一道必不可少的工序——“将理念内化至身心之中”。只设立一个目标，只打出一个理念是远远不够的，必须将其转化成信念。

记得父亲生前曾这样教诲我：

“要想把理念变成强烈的意识，进而转化成信念，就必须丰富自己的经历。在这个过程中，你可能会因为理念、意识淡薄而遭遇失败。然后，你会回过头去确认，这才发现，原来自己早把理念抛在了脑后。一次又一次犯错和纠正后，理念慢慢得到了加强，最终变成了坚定的信念。不过，其中也分很多情况。有的人能很快就意识到自己的松懈，有的人则不然，存在个体差异。”

这些话正是父亲的真实写照。

因为居酒屋的失败，5000 万日元打了水漂，Mos Burger 事业虽处在连锁店发展的成长期，父亲自己经营的 3 家店的业绩却不如人意。这个结果是父亲始料未及的。他曾因 3 家大户屋食堂的成功而沾沾自喜过，以为自己有经营之才。

为何大户屋之外的事业如此不顺？父亲对此进行了诸多反思。后来，父亲渐渐地又回到了经营日式套餐店的初心——“家庭替代餐”。

信念若能一蹴而就，那自然是好的，但现实中很难实现。正如父亲所言，“必须丰富自己的经历”，而且在构建信念的过程中，遭遇困难是必不可少的工序。古语有云，“千金难买苦难受”。在坚定信念的路上，这句话同样适用。

在父亲作为经营者的人生旅途中，店铺的那场火灾发挥了重大的积极作用。火灾后，店铺里一片狼藉。目睹此情此景，父亲心中酝酿了许久的情感一下子迸裂了出来。

父亲当即向员工致歉，揽下所有责任。

“世间所有的事情，皆有因果。”——这是天风一贯的主张。

引发火灾的是员工。但员工之所以有这样的行为，其根源在自己身上。

“擦亮眼睛，看清你自己身上的问题吧”——亲眼看到火灾现场时，父亲或许听到了上天的启示。虽然树立了“家庭替代餐”的理念，却在中途迷失自我，弃理念于不顾。父亲开始对自己之前的行为进行深刻的反省。歉意、反思、悔恨之情在父亲心中交织、发酵。

就这样，一种为信念而活的觉悟，最终在父亲的心中根深蒂固了。

父亲说过这样的一段话：

“当时，机缘巧合投了火灾险。不过，即使没投保，我也会选择重新开店。在我这里根本没有放弃这个选项，一定要做，无论如何都得做，而且必须做成。

我的脑海里从没有浮现过任何消极的想法。诸如关掉吉祥寺店，仅留下赚钱的池袋和高田马场店，或是考虑到要养家糊口，为了避免身无分文的悲惨下场，索性关掉所有店铺去做个上班族，等等。

当时满脑子只有一个想法——一定要做，一定可以做成！”

话虽如此，能在火灾这样的危机中，生出“眼下的危机，不过是成就鸿鹄之志路上的一段插曲而已。任何困难都不能阻止我。我一定能做到”的积极心态，也绝非易事。当年，父亲在决定了要找工作后，索性离开了曾一度热爱的棒球部，甚至丢掉了心爱的棒球手套。父亲的性格之果断，可见一斑。危机关头表现出来的坚毅果决，也与他这个性格不无关系。

只是，吉祥寺店的火灾，并不是促使父亲幡然醒悟的唯一影响因素。除此之外，父亲在新事业上遭遇的失败、遇到的人物或书籍等，都给予了父亲深刻的影响。在这些因素的共同作用下，父亲像被重力牵引一般，最终拥有了"非做不可"的强大决心。

在信念形成的过程中，火灾充当了"最后一道工序"的作用。

但上面这些因素，并不足以让我释然。

我在前面也提到过，早在继承大户屋食堂之际，父亲就立志要改变世人对其养父，也就是荣一爷爷的评价。这个志向，也成了企业发展的根本动力。

父亲想要刷新人们对大户屋的既有印象——只有男性顾客才能进入。他要让店铺的生意更上一层楼，还要开创史无前例的日式套餐店连锁化经营。父亲一直抱着这样的志向。

换言之，父亲想要成为一个"经营者"式的人物，也就是要从一个"脏兮兮的日式套餐店的老掌柜"变成一个"蓬勃发展企业的经营者"。所以，他才会去阅读幸之助的书，并树立了明确的经营理念。为了获得经营上的成功，他还醉心于天风学说。

即便如此，我仍心存不解。

因为即使加上这个因素，仍不足以成就今天的大户屋。

大户屋后来发展成了一个在日本国内、海外分别拥有约 350 家、100 家店铺的大企业。2001 年，大户屋还成功上市。此后，许多企业开始效仿大户屋，日式套餐连锁店开始如雨后春笋般涌现。父亲开始将目光转向海外，尽管海外市场的拓展之路荆棘密布，但父亲毫不畏惧，一路披荆斩棘，开了一家又一家分店。

然而，若只是想亲手洗脱荣一爷爷身上的污名，父亲又何至于奋斗至此而不止呢？

只要把大户屋食堂打造成干净、时尚、帅气的日式套餐店，至多开上 10 家或 20 家连锁店，就足够满足父亲要为其养父洗脱污名的欲求了。

父亲究竟为何如此执着于日式套餐店？又为何在连锁化经营的道路上奋斗不止？“洗脱荣一爷爷身上的污名”这个动机似乎说得过去，但不够充分，难以让人完全释怀。

此外，还需要一个更强大的动机，一股更强烈的力量。

对日式套餐店的连锁经营“情有独钟”

说到父亲对日式套餐店的执着，我想再补充说明一下。父亲曾一度涉足当时十分流行的居酒屋事业，也特许加盟过汉堡店，但在那之后，只对日式套餐店“情有独钟”。

严格来说，2004 年，父亲也曾在池袋开设过一家叫“OTOYA”的日式料理店。不过，这家店的定位是大户屋菜品开发的据点，一开始就明确了不对其进行连锁经营的方针。

一层为居酒屋形式，以柜台为中心设立了 23 个座位。二层为提供 course menu 的餐厅，只设有 3 个独立的房间。店里配置了许多手艺高超的厨师，每日研究一些略显高级的菜肴，再从中探索一些可低价在大户屋推出的菜肴。

同样，2010 年，在泰国开设过一家叫“MITSUMORI”① 的餐厅。

每个国家或地区仅设一家店，并不以连锁经营为目的，主

① MITSUMORI 的发音与“三森”相同。译者注。

要负责开发一些采用当地食材的新菜单以及人才培养。

目前，大户屋的海外店与国内店所采用的菜单别无二致。但总有一天，我们必须去开发采用当地食材的日式料理。正是出于这样的考虑，父亲才做了上述布局。

除此之外，还有一家店，那就是父亲在临终之际仍勉力推进的“天妇罗松井”店。正如店名所示，这是一家位于美国纽约的天妇罗料理店。当时，父亲请来了长年在高级料理店“NADA 万”掌勺的松井雅夫主厨亲自坐镇。

父亲此举的目的有两个。一个是想通过此店让美国人认识到日式料理本来的好处。另一个是借此提高当时在纽约已经铺开的大户屋的品牌价值。父亲想要连锁经营的对象自始至终都是“日式套餐店”。对于这个信念，他从来没有动摇过。

那么，连锁经营日式套餐店，作为企业战略又该如何评价呢？或许会有人对此表示怀疑吧。

现在的大户屋，是一家人均消费 800 日元左右的日式套餐店。虽说都是一些日常食用的套餐，不太容易受行情好坏、市场波动的影响，但随着竞争日趋激烈，大户屋的营业形态将来或许也会难以为继。为降低风险，餐饮企业通常会推出一些新的营业形态。

但父亲没有随波逐流。

大户屋没有设立中央厨房，而是一直坚定地贯彻现场烹制的方针。因此，人才培训要花费大量时间。在采用新菜单时，也是如此。若能在中央厨房预先处理好食材，再配送到各分店，将轻松很多。但大户屋，并不追求此便利，烹饪环节的确立也因而更费时。如此一来，与其他餐饮连锁店相比，大户屋不得不采取一种略显谨慎的扩张态度。

既然如此，为何不转变企业战略，去开拓人均消费更高的居酒屋或是其他的日式料理店事业呢？若有人提出这样的疑问，也不奇怪。

然而，父亲矢口否认了这一种可能性。

即便是日式料理店“OTOYA”，他也绝不让员工们抱有任何“或许会开连锁店”的幻想。早在开店之前，父亲就明确了“这家店只作为大户屋菜品开发的据点”的方针，从源头上杜绝了其连锁经营的可能性。

冷静一想，父亲的这种做法似乎有些不太寻常。

若论起新事业，父亲真正着手做的只有便当事业。也就是在大户屋的店里销售装有大户屋料理的便当。说到底，还是没有脱离日式套餐店的模式。

其中缘由究竟何在呢？

父亲对日式套餐店执念至此，真的只是为了洗刷荣一爷爷身上的污名吗？

与生母的合照

这个疑问，困惑了我许久。直到有一天，一张照片的出现，我的疑问才得以冰消瓦解。

父亲去世后，我开始整理他的遗物，无意间发现了这张照片。照片被珍藏在钱包里，上面的父亲还是小学生模样，旁边站着的正是他的亲生母亲。照片的背景是一个湖。看上去像是家人一起去富士五湖游玩时拍的照片。

父亲一直将这张照片珍藏在钱包中。

父亲此举颇让人费解。一个人对父母的敬意再深，也很少会把他们的合照珍藏到钱包中吧。更何况还是自己小学时候的老旧照片。我，甚至母亲，都不曾听父亲提起这张照片。

因为我并没有跟父亲直接求证过，所以无法知晓他将照片放入钱包的准确时期。或许是得知自己患了癌症之后，为了消除对死亡的不安和恐惧，从相册里找出了亲生母亲的照片，然后偷偷放到了钱包中。

让人疑惑的是，父亲曾给我看过他的旧相册。但对于这张照片，我和母亲确实毫无印象。或许，这张照片根本就不在相册里。

这张照片非常破旧，四个边几乎完全磨损。

一点没有刚从相册里拿出来的样子，倒像是长时间被保存在某个地方导致的。

不管怎么说，一个 50 多岁的男人，偷偷地在钱包里珍藏着自己跟生母的旧照片，总该有着某些特别的意义吧。

时光再次倒回父亲 15 岁时。

无论是多么爱撒娇的孩子，一到了 15 岁，都会想要跟身为异性的母亲保持距离。我听说，父亲并没有经历过所谓的叛逆期。他跟生母始终保持着刚刚好的距离——没有十分亲近，也没有疏远到甚至连话都说不上几句。

或许他也想过要跟生母“叛逆”一下，但一想到自己在不远的将来就要跟生母分开，于心不忍，只好作罢了吧。毕竟，在他出生之时，就注定了 15 年后要跟生母分开。他能够接受生母疼爱的时间有限，从呱呱坠地的那一刻起，倒计时的指针就已经开始转动了。

对于生母而言，这又何尝不是一种残酷的命运呢？

当父亲还是一个婴儿时，其生母就知道这个孩子到了 15 岁就会离开自己，成为别人的孩子。顾念至此，她又怎能笑对怀里的小生命？只能在心里暗暗垂泪吧。这份苦楚或许也通过乳汁流到了父亲的身上。老幺原本就惹人怜爱。父亲的生母一定无数次紧紧地抱过他吧。

生母的这份悲伤，父亲自然也能感知到。他和生母之间一定有着许多别人甚至家人无从发觉的默契。生母的眼神、说话的口吻、笑容，都在向父亲传递一种特别的情感。

那些在青春期就与母亲阴阳两隔的人，所承受的悲伤一定是无以言表的。但对于自出生之日起便被宣告“一到15岁就要离开这个家，去给大伯做儿子”的父亲来说，他所承受的悲伤要复杂得多。那是一种夹杂着疏远和忧郁的痛楚，这种痛楚非一朝一夕造就，而是在过去漫长岁月中一点一滴积累、发酵而成的。

父亲在15岁离开山梨时，并没有哭。据在场的亲戚回忆，父亲当时非常平静。我想他的内心深处，应该承受着无法与别人言说的莫大悲伤吧。但对于父亲而言，这也算是一件值得开心的事。因为养父母都是很好的人。在父亲还很小的时候，养父母就已经给了他百般疼爱，也送过他许多珍贵的礼物（球棒用品等）。

父亲已然无处可逃。他必须成为养父母家名副其实的孩子。这是对养父母应有的礼仪。父亲应该是带着这样的认识开始了他的养子生活的。

在跟养父母开始新生活的日子里，对于老家山梨，父亲应该是闭口不提的。大概是沉默寡言又木讷的性格使然吧。离开了一起生活了 15 年的家人，还有他最爱的生母，其中的寂寞和苦楚，父亲从一开始就打算独自承受，也做好了要将这段感情永远封存的心理准备。

或许父亲就是在那个时候，偷偷地将他和生母的照片放在钱包里的。

“妈妈，我的肚子饿了”

基于上述种种，我终于找到了支撑大户屋发展壮大的根本力量。父亲对生母的那股强烈的思慕之情，构成了大户屋店铺的价值底色。

父亲对于荣一爷爷的感激之情，无疑是大户屋发展的一个重要原因。每当被媒体问及大户屋发展的原点何在之时，父亲总会提及其养父的种种，没有一次例外。

只是，仅凭这一点，并不足以解释父亲的这份执念。

父亲究竟为何如此执着于日式套餐店经营呢？

既然要连锁经营，为何又要死守现场烹制的原则不肯妥协呢？开了10家、20家分店之后，他为何没有适时收手，反而继续在国内外步履不停地扩张呢？

由无数个疑惑组成的拼图，始终缺少一块。直到那块他与生母分别，独自与寂寞为伴的拼图出现，种种疑惑迎刃而解。

“既然要做，就一定得做日式套餐店，否则没有意义。”——父亲曾多次表露过的这份心意的背后，隐藏着双重理由。一个是为了将荣一爷爷留下的日式套餐店发扬光大，另一个是其与生母分别后孤独寂寞之感的真实流露。

大户屋所有店铺都装裱着一块唤作“母亲之匾”的匾额。

从前，让人怀念

站前食堂、50 日元食堂，是我们走过的路（昭和三十三年）

“将妈妈亲手做的菜肴以最低的价格呈现给每一位顾客”

这是我们爱的宣言

“妈妈，我肚子饿了”

这样的话语，这样的心意，请让我们代为成全

大户屋店主

打从我记事起，这块匾额就已经挂在所有店铺的墙上。因为已经熟悉到快要忘记它的存在，所以我从未对此探过究竟。既然是日式套餐店，追求“妈妈的味道”也在情理之中。一直以来，我都是抱着这样粗浅的认识。

原来，这块匾额大有深意。它是父亲内心深处的呐喊。在强大的命运之神的安排下，父亲不得已度过了孤独寂寞的青春年华。见不到自己日思夜想的生母，唯有将这份深深的思念化作呐喊，隐藏在这一块块的匾额之中。

像那些因为某些原因，离开母亲独自生活的孩子；从地方来到首都一个人生活的学生；一把年纪仍对母亲有着深深眷念的老者。他们与父亲，饱尝同一种寂寞的折磨。父亲想为他们做点什么。他要化身为这些人的母亲，在充满回忆的厨房里，亲手给他们做出饱含爱意的套餐。父亲想要通过饮食，唤醒他们沉睡的记忆。那记忆中有母亲温暖的笑容、深深的爱，这些正是治愈寂寞的良药。

父亲一定是这么想的。

也就是说，父亲将自己对于生母的期待转化成了一种利他行为——他要把自己得不到的那些东西，提供给那些需要的人。或许是因为这样做，可以弥补他自身的寂寞之感吧。

父亲之所以要尽可能多地开设店铺，之所以要死守现场烹制，都是为了要向更多的人传递母亲般的爱吧。由此可见，大户屋所追求的“妈妈的味道”，并不单单是那种来自手工制作的亲切感。

“‘妈妈，我肚子饿了’。这样的话语，这样的心意，请让我们代为成全。”

母亲之匾上面的话，深意便在此了。

不满足于只追求手工制作的味道，而是站在孩子的视角，让他们脱口而出那句“妈妈，我肚子饿了”。这一定是父亲珍藏于灵魂深处的呐喊了。大户屋想要提供的并不是料理本身，而是一份又一份爱。

父亲追求的不是一攫千金后的尽情奢侈，也不是身居高位后的风光无限。他并没有丝毫这样世俗的欲求。他所期望的不过是让更多的人品尝到“妈妈的味道”。正是这个纯粹的期望，最终造就了父亲事业家的身份。也正因为如此，父亲才能始终保持对日式套餐店事业那份超乎寻常的、强烈的执念。

父亲临终前的种种历历在目——在生命弥留之际，坚持飞去纽约，想要在所剩无几的日子里，构建好大户屋美国事业的基石。自己拔掉抗癌药物输液器的针头，弄得衣袖血迹斑斑仍一副西装革履模样要去上班。追本溯源，这一切的源头只有一个。那就是他与生母的别离。

在钱包中发现他与生母照片的那一刻，我才意识到原来牵动大户屋事业的那根线，另一边竟然连着父亲凄凉的身世。身为人子，我竟不能及时察明父亲的这份隐情，实在汗颜。同时我感受到的还有深深的震撼——这股燃起父亲斗志的原动力竟被隐藏得如此之深。

走出一条只属于自己的路

自己的经营人生竟与生母有着千丝万缕的联系。对此，父亲是否早有明断？据我推测，他很有可能早已觉察。只是羞于将自己对生母的这份感情说出口，才刻意未去触碰。出于同样的理由，他才选择了对家人隐瞒自己与生母的那张照片吧。

当然，这种推测也有可能不成立。

只是，从前面父亲在采访中的发言“一般老幺在家里总会得到母亲更多的关爱。于是，他们身上都继承了母亲厚重的爱。这份浓浓的爱就好似肥沃的土壤，经营理念的种子在它的滋养下，自然就慢慢地开出花来了”以及“老幺理论”的主张来看，父亲很有可能已做过一番深刻的自我剖析了。

让我们再回过头来谈谈吉祥寺店的那场火灾。

那个时候，受到突如其来的火灾的打击，父亲终于醒悟了。只是，父亲的醒悟绝非一朝一夕间形成的，而是一个渐变的过程。在此之前，他应该已经隐约意识到了自己的宿命。

荣一爷爷经营的大户屋食堂，每天来客千余人，生意十分兴隆。父亲作为荣一爷爷的养子，又深谙母子分离的寂寞苦楚，必须尽可能为更多的人提供“妈妈的味道”——这是他与生俱来的宿命。

只是，在父亲继承大户屋食堂之初，这份宿命尚未成形。

虽然它早已在父亲心中生根，但尚未破土而出，父亲并没有意识到它的存在。

尽管如此，父亲还是无意识地背负起了日式套餐店连锁经营的使命，在一种舍我其谁的冲动的驱使下，隐瞒了荣一爷爷曾想让自己的弟弟方策接管店铺的遗言，在 21 岁的年纪就扛起了大户屋的重担。

随着时间的推移，尚未成形的宿命也渐渐有了清晰的轮廓。

父亲遇到了生命中重要的两位人生导师。一位是与自己同病相怜的幸之助——作为家里的老幺，自小与母亲分离。对幸之助的倾慕，奠定了父亲经营理念形成的基础。另一位是中村天风。在天风老师的教诲下，父亲的经营理念变得更加坚固。此外，新事业的失败，也是一次重击，让父亲清醒地意识到了自己的问题。

就这样，万事俱备，只欠东风。吉祥寺店的那场火灾像“东风”一样，完善了父亲自我觉醒的心路历程。父亲终于清晰地意识到了自己的宿命，找到了那条任谁都无法替代的、只属于自己的道路。

与其说是火灾促使父亲苦苦思索并最终形成了完整的经营理论，倒不如说是一个又一个因素在父亲的心里相互交织、作用，最终驱散了弥漫的浓雾，理念便顺理成章地浮出了水面。

一瞬间，父亲心中的理念成功升华成了信念。

“连锁经营日式套餐店”从之前的“希望”转变成了一种带有强烈使命感的“信念”。不再是“我想做”，而是“我必须做”。这是一种比信念还要坚定的感情，或许称它为“执念”更为贴切。

最近常听人提及“理念经营”。我认为这个词并不足以概括父亲的经营方式，“执念经营”或许更合适。

有一个名人说过：思想决定行动，行动养成习惯，习惯生成性格，性格决定命运。父亲也很喜欢这句话，常把它挂在嘴边。而父亲的人生堪称这句话的真实写照。思想从“我想做”转变为“我必须做”的那一刻起，父亲的人生大门便打开了。

站在这个角度去回顾父亲的人生，那场本不应该发生的火灾倒像是上天的一次有预谋的、“别有用心”的安排。

父亲生前常说，“有信念之人和无信念之人的差距，有如云泥。信念是一个人的头等大事。”在度过了 10 年惨淡经营的人生之后，父亲终于形成了自己的信念。

与母亲的婚姻

吉祥寺店火灾发生的 6 年前，父亲邂逅了母亲。

母亲的一个朋友与父亲相识。母亲跟那位朋友在吉祥寺游玩时，顺道去了大户屋用餐。碰巧父亲在店里，便过来跟她们打招呼，还闲聊了一会儿。父亲似乎很喜欢母亲，几天后给母亲打了一通电话。

父亲跟母亲第一次约会的地方也在吉祥寺一带，是一家爵士酒吧，名字叫“SOME TIME”，这个店至今还在。

“我已经结婚了。这一点，我必须事先声明。”据说这是父亲开口对母亲说的第一句话。由于太过突然，母亲至今仍记忆犹新。

紧接着，父亲又说道：“但我们的婚姻生活不顺，目前正在分居。我们将来肯定会离婚。虽然我不知道这个将来有多远。这就是我的情况。如果你不介意，请跟我交往吧。”

母亲觉得父亲是个诚实的人。当然，她也很吃惊。

跟心仪的女孩子第一次见面，有谁会一开口就是这样的说辞呢？一般都会先铺垫几句愉快的谈资，再交代出这些难以启齿的情况吧。庆幸的是，父亲的这种近乎愚直的坦诚，反而给母亲留下了好印象，两个人便开始交往了。

与前妻离婚后，父亲于 1988 年正式迎娶了母亲。第二年，我便出生了。

吉祥寺店发生火灾的那一年，我刚好 3 岁。

早在火灾发生前，吉祥寺店就与清一色男性顾客的池袋、高田马场店不同，偶尔也会迎来一两个女性顾客。这多亏了母亲的建议。

例如，食堂门口挂着的布帘。原先的帘子，上面用毛笔写着“定食”[①]，母亲觉得不好看，便换成了素色简约的样式。当时，店里的许多东西都是母亲自己动手做的。她常常踩着缝纫机，忙活到深夜。那个时候我还很小，可缝纫机发出的“嘎达嘎达”的声音至今仍时常在我的脑海里回荡。

此外，菜肴的味道自然少不了母亲的建议。不仅如此，她还建议有效活用精巧器皿、改善摆盘的方法等，理由是女性顾客一般都是“用眼睛来品尝菜肴”的。

实际上，在认识母亲之前，父亲就格外重视摆盘、器皿。结婚后，父亲有了更多的机会可以接触到母亲买回家的器皿。

---

① “定食”即日式套餐的意思。

两个人一起出入时尚餐饮店的机会也多了，受到的外界刺激自然也更加多样化。

在外面就餐时，两人时常关注别人店里的摆盘、器皿。“这个盘子不错。不知道哪里可以买呢。问问老板吧？”“这样摆盘很好。大户屋也引进吧！”说着父亲就马上行动起来。一边跟母亲吃着饭，一边给商品开发负责人打电话、下达各种指示也是家常便饭。

事实上，这种雷厉风行的“行动派”作风贯彻了父亲整个生命。

与病魔斗争的那段岁月里，母亲有时会亲手做些什么带去病房给父亲吃。一次，母亲带了沙拉过去。一看到沙拉，父亲就赞许地叫起来：“哎呀！你用嫩芽菜来拌沙拉呀，看起来真不错！”话音刚落，他就赶紧拿起电话拨给了总部商品开发负责人。

“现在店里的沙拉情况如何？啊？怎么还跟从前一模一样？老是一样的菜单，女性顾客会厌倦的。赶紧改！”

大户屋的沙拉历来用的是卷心菜、生菜和水菜。但近来嫩芽菜开始受到广大女性的追捧。不知为何，父亲总能知道这些流行信息。他的直觉向来很准。听闻他在病房时也经常看一些面向主妇的节目，还常常边看边给商品部打电话。

对于大户屋的日本国内的事业，父亲已全权委托给了窪田社长，自己基本不插手。但若有了一些店铺打造方面的灵感或启发，父亲便会第一时间下达指示。或许有人会说，堂堂一个社长，未免管得太细致了吧！但我们必须认清一个事实：再好吃的菜，天天吃也会腻的。

因此，餐饮店绝不可安于现状，必须时刻带着革新的意识，改善店里的菜品、装修、接待等方方面面。不积跬步，无以至千里——这是餐饮店经营的铁则。只有那些善于点滴积累的店铺，才能在激烈的竞争中屹立不倒。

正因为如此，父亲才每时每刻都紧绷天线，随时准备接收信息。

父亲是那种不擅长计算机等技术的“老古板”经营者，所以他不会通过网络去检索信息，而是对身边发生的所有事情都抱以关心，不知疲倦地吸收着他所遇到的一切见闻。

日式套餐版本的 Mos Burger

话又说回到吉祥寺店。

在母亲的协助下，父亲开始在吉祥寺店展开了一场经营探索。

将现场烹制的食物以低廉的价格提供给顾客——大户屋沿袭了传统日式套餐店的经营王道，博得了学生以及单身人士的极力拥护。只是，仅凭此，企业很难有质的飞跃。考虑至此，父亲以吉祥寺店为试验田，开始了高度重视女性顾客的经营探索。

父亲的努力很快见效了。女性顾客开始逐渐多了起来。不可否认，当时的顾客群确实仍以男性为绝对主导，但其中也出现了不少津津有味地品尝着烤青花鱼的女顾客。父亲感受到了日式套餐店所蕴藏的新的可能性。

恰巧这个时候，火灾发生了。

要怎样重装吉祥寺店呢？这个问题的答案后来成为父亲经

营者人生中最大的转折点。我想当时的父亲对此应该也是心知肚明的。

当时，父亲心里萌发了一个强烈的欲望。

他要开创一种新的经营形态——“Mos Burger”和“大户屋食堂”的结合体。

我在之前也提过，父亲曾在山梨开过 3 家 Mos Burger 的加盟店。不仅如此，Mos 的创始人樱田先生还曾给父亲介绍过中村天风的著作等。无论是父亲本人，还是大户屋的这种经营模式，都与 Mos Burger 有着难以割舍的联系。

对此，父亲也曾在杂志采访时有所流露。被记者问及“促进顾客身心健康”的经营理念是如何形成时，父亲曾说了下面这样一段话。

“之所以形成这样的经营理念，主要得益于 Mos Food Service 的樱田慧会长以及渡边和男社长（注：杂志报道时的情况）的影响。我曾做过一段时间的 Mos Burger 特许加盟商，现在主要是我侄子在做。

“当时，我真的跟他们二位学到了很多东西。不仅如此，他们还给我介绍了很多人。除了他们，我还受到了许多 Mos 相关人士的各种关照。现在，我在做的事情其实就是 Mos 在做的事情的翻版，只是把对象换成日式套餐店罢了。

“日本餐饮行业的企业化、产业化已有近 30 年的发展史了。眼下，要迎来第二个创业期。正好可以借这个机会从日本饮食文化，甚至日本这个维度，重新出发。且，现在人们都开始注重健康，工作的女性也开始增多。大户屋刚好抓住了这个机遇。时机巧得甚至有些吓人。”

渡边和男先生也是 Mos 的创始人之一，曾出任过第二任社长。乍一看，上文的描述似乎与我在前文提到的“父亲的经营理念深受松下幸之助的影响”之类的观点有些自相矛盾，但不可否认的是，樱田先生确实曾多次给予父亲教诲并告诫他经营理念的重要性。

所以，父亲通过书籍，从早已不在人世的幸之助先生那里学到了理念的重要性，又通过经营加盟店，从樱田先生和渡边先生那里学会了经营理念的实际运用之法。

当时，在山梨县负责 Mos 店铺开发的是皆木和义先生。

皆木先生后来成了大户屋的独立董事，还担任过在东证一部上市的 Hard Off Corporation 的社长。除此之外，他还是一名作家，发表过许多经营者题材的评传。皆木先生在 Mos 时，就曾立志要成为一名经营者，据说他还曾与父亲就此切磋琢磨过。

皆木先生曾这样回忆父亲：

“三森说想要学习经营，我便提议一起去学习松下幸之助。

早前就听说他一直在读幸之助的书，我身边也有不少与松下比较亲近的人。于是，两个人就一起去了幸之助的别宅真真庵、光云庄、松下资料馆等地方，还去了幸之助的菩提寺所在地高野山西禅院以及他位于和歌山老宅旁的墓。

“记得当时的三森，津津有味地看着那些介绍幸之助人生轨迹的展览物。他那专注得甚至有些贪婪的神情，不禁让人怀疑他今天或许不打算离开这里了。尤其是真真庵地下的那些人间国宝的作品群，简直让他如痴如醉到不能自拔。

“鬼斧神工背后的匠心、代代相传的技艺、呕心沥血的匠魂，深深地震撼了他。正因为受到了这种精神上的巨大触动，才有了后来大户屋对于料理的执着，也才让和食走向世界。”

皆木先生同样醉心于中村天风，这是他与父亲的另一个共通之处。他也曾是天风会（弘扬天风学说的公益财团法人）的一员。

两个人经常一起听天风的讲话磁带。据皆木先生透露，父亲曾对天风的“力量的结晶”一说共鸣颇深，甚是喜爱。

力量之诵句

我即是力量，力量的结晶

战胜一切的力量结晶

我不会被任何困难打败

疾病也好，命运也罢

世间的一切都不能将我打败

没错，我就是那强大的、强大的力量结晶

出自《天风诵句集》

所谓诵句，是天风先生将自身的感悟简练汇总后的一种文字表现形式。“力量之诵句”通篇都在强烈地歌颂力量之强大，完美地呈现了绝对积极的精神。

父亲在确立新的店铺理念时，也得到过皆木先生的宝贵意见。

“三森一直说，吉祥寺店偶尔会有女性顾客，所以想把它打造成一家更受女性顾客欢迎的店。所以，有一次，我们在山梨一起喝酒的时候，我就建议他试试把大户屋也打造成Mos Burger那样的日式套餐店。Mos都是在顾客下单后，现场精心制作汉堡的。店里氛围很好，明亮卫生，女性顾客也很多。”

在皆木先生的协助下，父亲开始对店铺的形象、菜单的构成等展开了具体的规划。然而就在这个时候，吉祥寺店的那场火灾发生了。

全新的大户屋

“皆木，吉祥寺店发生了火灾。我打算在这里实践你的建议。”

火灾过后没多久，父亲就打电话给皆木先生，滔滔不绝地阐述了他的全新决定。

听闻火灾的消息，皆木先生很震惊。父亲倒很快就开始放眼未来了。

原本，父亲计划新设 4 号店去实践日式套餐店的新想法。吉祥寺店火灾一发生，父亲便索性将对象锁定为这家店，打算在这里一决胜负。

内部装修的设计、施工均委托给了与 Mos 有生意往来的设计公司，打造出了一个以白色为基调、清洁又温馨的空间。亮色调木桌的使用，更加坐实了大户屋“Mos Burger 翻版”的形象。木纹能让人放松，一个空间里若有带木纹的物品，身处其中的人也能静下心来。店外还设置了精美的展示柜。为了吸引更多女性顾客，特意在其中陈列了许多菜肴的样品。

菜品约 30 种，其中包括“妈妈炖的鸡肉套餐”“烤青花鱼”等。

为匹配女性追求健康的消费心理，新店做了诸多改善。例如，大量使用蔬菜、丰富炖菜等小碗菜肴、使用低农药大米等。不仅如此，套餐的价格几乎都定在 500 到 600 日元。年轻人即便每天光顾，钱包也不成问题。

此外，新店还在顾客看不到的地方——厨房，对烹饪环境进行了大刀阔斧的改革。

一直以来，大户屋采取的都是分区、独立管理。即在煎炸区、烧烤区、清洗区等区域分别设立负责人，同时指定专人进行配膳，负责盛饭、摆放小菜等。

由于内外装修、食材采购花费了大笔资金，若新店继续维持原来的配置，则很难将菜品的价格控制在 500 到 600 日元的水平。

于是，新店将煎炸区和烧烤区毗邻设置，中间只隔半步的距离。这样一来，便可由一个人同时负责两个区域的工作。此外，新店还将负责盛饭的配膳区域移到厨房外，由大堂的员工来负责；还通过提升厨房设备性能，在不改变“现场烹制”的前提下，成功地将厨房里的人员降到了原来的三分之二。

以低廉的价格提供健康的菜肴——重生后的大户屋，成功地将健康和低价这两个要素完美结合，实现了物美价廉。这一点成了后来大户屋不断发扬光大的一个重要原因。

“个体店的手工制作的味道”和“连锁店的高效”，并非二者只能取其一。父亲在吉祥寺店探索到了一种将二者有机结合的方式——既可以保留手工制作的味道，又可以实现连锁经营。

就这样，在火灾发生后的 3 个月，也就是 1992 年 12 月，吉祥寺店重新装修后开业了。此时，店名也从“大户屋食堂”改为“大户屋餐馆”。

小熊卡通人偶服

新店重装开业的那天，我和母亲都赶到了现场，跟着大家一起去街上派发装有饮品券的袋装纸巾。

实际上，火灾的第二天，我也去过现场。据说，当时我还拿着母亲给的抹布，擦拭了沾满了灰烬的桌子。那时我才 3 岁，根本不记得这些事情。但重装开业那天的情形，我隐约记得。

之所以印象深刻，是因为那一天父亲穿了一件特别的衣服——小熊卡通人偶服。为了招揽顾客，他特意从租赁公司借来的。

“天哪，这个味道，太臭了！”

当时正值冬天，卡通人偶服本不该有这样刺鼻的臭味。或许是被无数人穿过的缘故吧，只觉奇臭难耐。可父亲一整天都穿着它，穿梭在吉祥寺的街头，跟聚集过来的孩子们热情地握手。直到一只大型犬出现，一顿乱吠之后，父亲才仓皇逃回了店里。

当时也有员工提出“社长亲自穿卡通人偶服去街头揽客闻

所未闻，还是让我们来吧”。父亲却执意要自己做，一口回绝了员工的好意。

卡通人偶服里的父亲，都想了些什么呢？

劫后重生的吉祥寺店对于大户屋的意义，绝不仅是一次重装开业。迄今为止，日本出现了无数冠以大众食堂、日式套餐店的店铺。吉祥寺店很有可能会颠覆日式套餐店的常识，甚至开创出新的历史篇章。

记得有一天，母亲曾这样问父亲：

“为什么要给孩子提供跟大人一样的服务呢？”

“因为他们是未来的顾客。”父亲一脸认真地回答道。

大户屋不再只有男性顾客，它还要迎接许许多多的女性顾客、家庭客。一家全新的日式套餐店自今天起诞生了。父亲内心深处或许有过这些思量吧。

日式套餐店的开业典礼上出现卡通人偶服装，当是史无前例吧。但这恰恰预示了大户屋的全新发展方向——要成为一家可供家庭享用的套餐店。

当时，大户屋在吉祥寺车站前举行了庆祝活动，还特意邀请了艺人来捧场。

我们请来的是搞笑艺人组合 TUNNELS。成员之一的石桥贵明与父亲同为帝京高中棒球部出身，算是父亲的后辈，所以才请了他们。当时的 TUNNELS 已出演过许多电视节目，名声大噪。

区区一个只有 3 家店铺的套餐店，竟然一掷千金，请来了当时在年轻人中颇具影响力的艺人。父亲对于吉祥寺店的重视程度可见一斑。

此外，还有一点不容忽视——我在前面提到的那块唤作“母亲之匾”的匾额，正是在吉祥寺店重新装修之际被挂上的。

从前，让人怀念
站前食堂、50 日元食堂，是我们走过的路（昭和三十三年）
“将妈妈亲手做的菜肴以最低的价格呈现给每一位顾客”
这是我们爱的宣言
“妈妈，我的肚子饿了”
这样的话语，这样的心意，请让我们代为成全
大户屋店主

一旦重新装修取得成功，连锁经营便有了希望。如此一来，自然就可以为更多的人提供“妈妈的味道”，也可以把更多的笑容传递给那些渴望拳拳母爱之人。吉祥寺店，成了决定大户屋将来的关键因素。不仅如此，对于一直将自己对生母的爱深藏不露的父亲而言，这家店也是他人生中的一个重大转折点。

男女比例大逆转

吉祥寺店取得了巨大的成功。

重新装修后，来店的男女比例变成了 4∶6。一半以上都是女性顾客。

据说，也曾出现过孩子单独来店的情况——一个小学生模样的孩子，自己点了一份秋刀鱼套餐。或许他的母亲有什么不得已的苦衷才让孩子自己拿着钱出来吃饭吧。此情此景，让奉行“家庭替代餐”的父亲印象深刻。

此时，距离父亲接管池袋的大户屋食堂已经 13 年了。从前那个女性顾客错入后不得不落荒而逃的大户屋已经涅槃重生，一个全新的日式套餐店诞生了。若父亲的养父还活着，想必会惊讶得说不出话来吧。

但这一次的成功，并没有让父亲飘飘然。

吉祥寺店重新装修后，父亲再度回归了现场，亲自在店里做些烹饪、接待之类的活儿。经历了居酒屋事业的惨败、吉祥寺店的火灾之后，父亲痛定思痛，主动给自己立了一个规矩——“上午半天在店里，下午半天当社长”。后来，店铺数不断增多，父亲依然坚守规矩达 5 年之久。

“我不过就是一个套餐店的店主。从今往后，哪怕拥有再多的店铺，我也只是一个店主。绝不可摆社长的架子。”父亲这样告诫过自己。

我和母亲常常去店里或是事务所看望父亲。

说是事务所，一开始只是池袋 1 号店里 3 楼的一块地方。不对，严格来说，1 号店是一个 2 层楼建筑。在 2 楼的角落里有一个隐蔽的楼梯，楼梯连着的是一个阁楼或被称为顶楼的地方，父亲当时就在那里办公。

当时，只有 1 楼有厨房，只能用手动升降梯（不知为何，当时他们都称“电梯”为“升降梯”）将菜肴运至 2 楼。至今我仍记得父亲穿着围裙，行色匆匆地穿梭在 1 楼、2 楼和事务所之间的模样。

不久后，父亲便在东京·田无设立了事务所。

事务所所在的大楼是用荣一爷爷的存款买的。事务所之外的房间均被用于出租，定期会有一笔租金收入。说是大楼，其实早已破旧不堪，外观看上去，俨然一副昭和时期廉价公寓的样子。

外表姑且不论，从里面的配置来看，总算有了事务所的样子，也配备了社长室。社长室里还布置了桌椅和一张可以容得下 4 个大人的沙发。

第一次来这家田无事务所玩时，我还很小，还没有上小学。当时，父亲正坐在椅子上。

“智仁，你过来！”父亲招手示意道。

“坐在这里的爸爸，跟那个烫伤不断、舞锅弄铲的爸爸，你觉得哪个更帅气？”

我陷入了沉思，开始打量起来。父亲一身西装，坐在崭新的椅子上。他双手抱着胳膊，耐心地等着我的答案。

“坐在大椅子上的爸爸更帅气！”

一方面，坐在椅子上的父亲确实有一点儿伟人风范。另一方面，我想用这个答案去讨父亲的欢心。

然而，我的算盘打错了。听了我的回答，父亲那双原本就很大的眼睛，更是瞪得溜圆。随即，他便开始语重心长地教导起我来。

“其实不然。人啊，为了工作拼尽全力、汗流浃背的样子才是最帅气的！”

父亲身为社长，是全公司最厉害的人物。正因为很厉害，所以他才能坐上这么大的椅子。比起当时那个舞锅弄铲的父亲，现在的父亲岂不是更厉害？年幼的我实在不能理解父亲此番话的真意，只得轻声地附和了一声“嗯”。

若是现在，我自然可以深刻地体察到父亲当时的心情。

那个时候，父亲已经在脑海中清晰地勾勒出了一条通往自己宿命的道路。

人应该怎样度过这一生？父亲将自己的思考和认识以书法的形式记录了下来。

从左到右，自上而下依次为：

1. 道

2. “健康”。“健”者为体，“康”者为心。久实

3. 绝对积极。生命诚可贵，失去不再来。

4. 立志为万事之本。世间万事，皆以立志（人生的目的）为根本。——摘自《吉田松阴全集》

5. 所求之事。凡生而为人，皆被赋予了优秀的才能，即意志的力量。在漫长的时间荒野里，只要心怀强烈且坚定的意志，所求之事终将实现。

而我所求的就是打造出世界第一的餐饮连锁店。在这里，来店的顾客可以感受到内心的安宁，员工们也能获得物质和精神上的双重幸福。

6. 人的使命。久实。每个人都是带着使命来到这个世上。因为有缘，我从事了这份工作。因为有缘，我遇到了各位。因此，我的使命就是要带领我的顾客、生意伙伴以及大家一同奔向真正的幸福。

7. 博爱之心。久实。所有来到大户屋的人都能发自内心地欢喜。所有在大户屋工作的人都能由衷地感到活着的意义。我想要让这样的店铺遍布全世界。因为我深深地爱着世间所有的人。我要把大户屋做大。

道

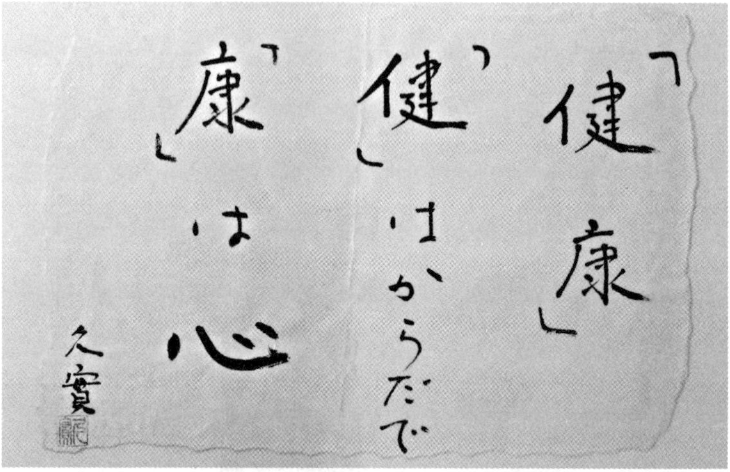
「健康」
「健」はからだで
「康」は心

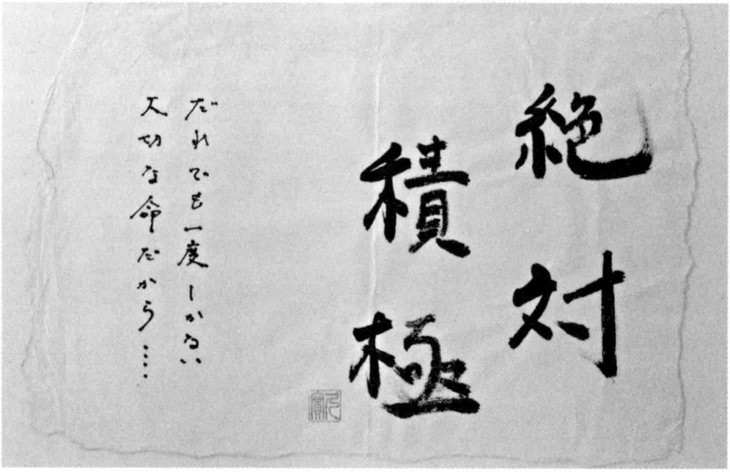
絶対
積極
だれでも一度しかない
大切な命だから……

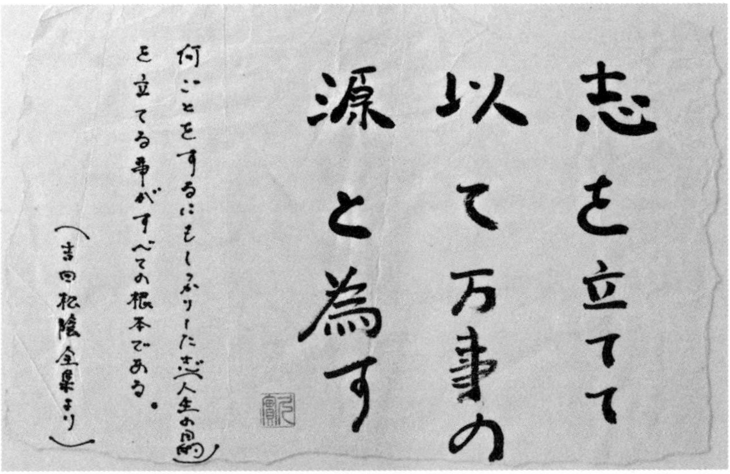
志を立てて
以て万事の
源と為す
何ごとをするにもしっかりした志（人生の目的）
を立てる事がすべての根本である。
（吉田松陰全集より）

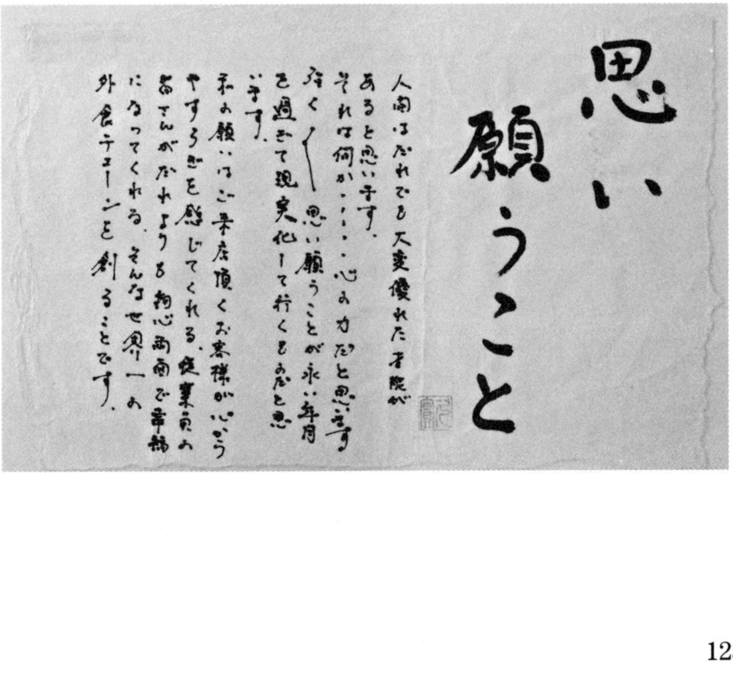
思い
願うこと
人間はだれでも大変優れた才能が
あると思います。
それは何か……心の力だと思います
強く　思い願うことが永い年月
を過ぎて現実化して行くものだと思
います。
私の願いはご来店頂くお客様が心から
やすらぎを感じてくれる。従業員の
皆さんがだれよりも物心両面で幸福
になってくれる。そんな世界一の
外食チェーンを創ることです。

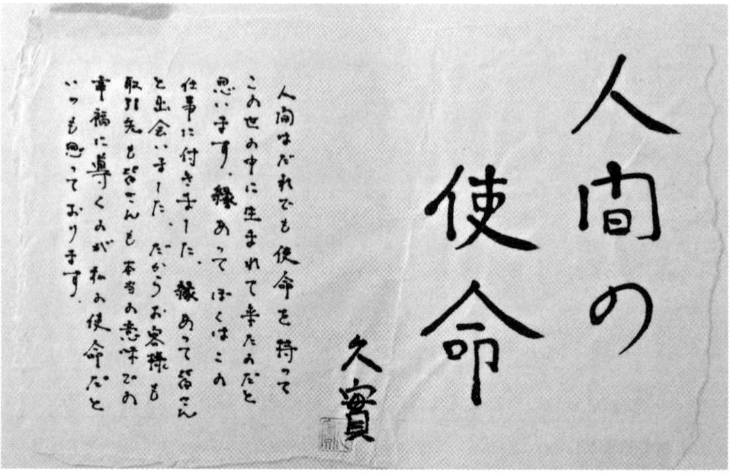
人間の使命
人間はだれでも使命を持って
この世の中に生まれて来たのだと
思います。縁あってぼくはこの
仕事に付きました。縁あって皆さん
と出会いました。だからお客様も
取引先も皆さんも本当の意味での
幸福に導くのが私の使命だと
いつも思っております。
久實

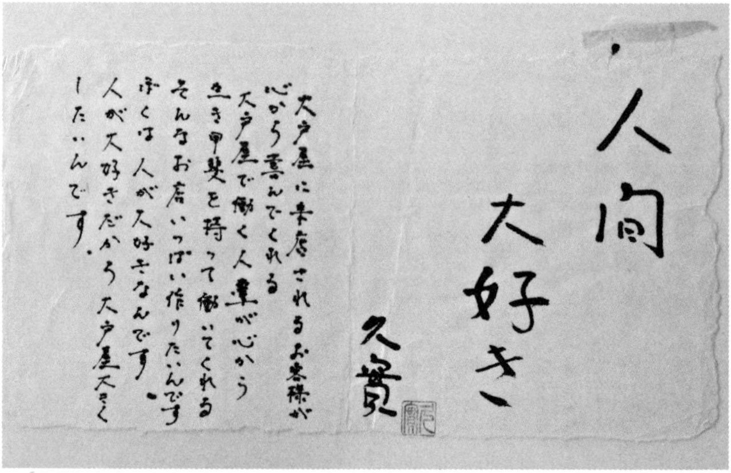
人間大好き
大戸屋に来店されるお客様が
心から喜んでくれる
大戸屋で働く人達が心から
生き甲斐を持って働いてくれる
そんなお店いっぱい作りたいんです
ぼくは人が大好きなんです
人が大好きだから大戸屋大きく
したいんです。
久實

第 3 章

“不放过任何一个角落”的精神

——与餐饮界的常识“背道而驰”

店铺因顾客而存在

吉祥寺店的成功为大户屋带来了转机。大户屋的基础商务模式得以确立，连锁经营也有了眉目。

吉祥寺店重新装修半年后，已有媒体迫不及待地刊载了下列这篇新闻报道。

“大户屋即将展开和食食堂的特许加盟店（FC）经营，实惠套餐引人关注”

从事食堂经营的大户屋自今秋开始，将在全国展开和食食堂的特许加盟店（FC）经营。凡有志于以公道、实惠日式套餐开启新事业的企业，大户屋皆愿与之签署特许加盟店（FC）合同。

大户屋目前已成功经营了4家直营食堂。其中，3家（池袋、高田马场、吉祥寺）位于东京都，1家位于山梨县石和町。大户屋汇聚了500日元到700日元不等的各种实惠套餐，有效利用自主开发的厨房系统，成功实现了大幅降本。直营的4家店铺，一年的来店人数合计达到百万人之多。

开展特许加盟店（FC）时，为保证套餐品质的标准化，大户屋计划引入高性能烹饪器具及定时器。特许加盟店（FC）店铺面积约为一百平方米，开店的初期投资预计需要4500万日元。“从初期投资的金额来看，自谋职业者们恐怕很难筹措”（三森社长），所以大户屋瞄准的是企业。与企业签署特许加盟店（FC）合同后，除了经营技巧，大户屋还会提供将近一个月的员工研修。

（1993年6月4日 《日经产业新闻》）

早在这个时候，父亲已经开始思索特许加盟店（FC）了。

然而，结果不尽如人意。除员工的独立店（自立门户），截至2003年，与大户屋签署特许加盟店（FC）合同的外部法人不过100家左右。

冷静一想，初期投资金额（约4500万日元）确实不是一个小数目。单凭这一点，便足以让不少企业望而却步。既然如此，倒不如另辟蹊径，谋求其他连锁经营的出路。

父亲找到的另一条路就是股票上市。

刚刚找到经营新事业的“感觉”，加之资金周转困难，此前的父亲从未有过上市的念头。不过当时，公开市场（现在的JASDAQ市场）备受瞩目，许多新兴企业都一举实现了公开募股。

Mos 的皆木先生便建议父亲从股票市场筹集资金，以直营店的形式开拓市场。皆木先生认为这种方式下的市场前景更为可观。

“把店开满整个日本，实现日式套餐界的首次上市吧！”

“皆木先生，日式套餐店要上市，真的可行吗？”

“没问题。三森你一定可以的！”

备受鼓舞的父亲，竟然向皆木先生递交了一份按了血指印的“军令状”，誓要实现大户屋的上市。

第二年，父亲便在全体员工大会上向员工们宣誓了。皆木先生作为特邀嘉宾出席。受父亲所托，他向员工们宣贯了大户屋要上市的目标。最后，在父亲的号令下，在场所有人员一齐大喊 3 声“誓要实现股票上市！”，结束了大会。

大户屋事迹被新闻报道后，某家投资公司开始关注大户屋，甚至提出要为大户屋提供资金援助。就这样，父亲开始朝着日式套餐界首次上市的目标，一路狂奔。

当时定下的目标是要在 2001 年实现上市。

为了如期达成目标，大户屋在集客能力上必须更上一层楼。不仅如此，它还必须进一步缔造其日式套餐连锁店不可动摇的地位。

父亲采取的对策是，严格贯彻顾客至上原则。

他在餐桌上摆上了问卷调查，悉心听取顾客对店里的氛围、菜单、接待等的意见，并将它们一一反映到打造店铺的方方面面。

例如，新增一些面向女性顾客的“米饭减量”的菜单，在店铺里放置一些观赏植物，采用大一点的餐桌等，所有这些改善都来源于问卷调查中的顾客意见。

问卷的数量与日俱增。后来，随着店铺数量增多，每月回收的问卷数量甚至达到数千份、数万份之多。堆积如山的问卷被父亲安放在社长室的一角，每一份他都会仔细过目。初次光临社长室的人们，无一不被那一摞摞的问卷所震撼。

为了掌握女性顾客的喜好，找到受她们青睐的料理，父亲经常会关注一些面向主妇的杂志，例如 *ORANGE PAGE*、《生菜俱乐部》等。这些杂志上刊载了许多可在家里轻松制作的创意料理，父亲常在其中寻找一些菜品开发的灵感。

此外，父亲还购买了许多一流厨师写的食谱书，不断打磨自己对于料理的感觉。

“顾客至上”这个词，算得上老生常谈了。然而，任何买卖都是以顾客为基础的，没有顾客就没有买卖。因此，将顾客至上贯彻到底极其重要。

“店铺因顾客而存在”——这是父亲常挂在嘴边的一句话。

“不放过任何一个角落”的精神

如何让那些已经来店的顾客感到满意？

为了让他们再度光顾，我们又该做些什么呢？

父亲的脑海里时常盘旋着这些问题。为解决这些问题，父亲尝试了各式各样的对策。这个习惯早在吉祥寺店重新装修前，也就是池袋大户屋食堂那个时候开始，就已经养成了。

父亲生前这样总结过大户屋成功的要因。

在日式、西式、中式各类餐饮店鳞次栉比的东京著名闹市，曾经的大户屋食堂算是池袋附近登场最晚的店铺了。据父亲回忆，当时的大户屋“除了价格便宜，其他一无是处。作为餐饮店经营之根本的 QSC（菜品、服务、清洁度）水平几乎垫底”。

吉祥寺店重新装修后，摇身一变成了女性顾客过半（六成）的店铺。以此为契机，大户屋走上了快速发展的轨道，一跃成了上市公司。在池袋众多的餐饮店中，起步最晚的大户屋竟然后来居上，打败其他竞争对手，成了规模最大的店铺。

父亲曾竭力探究过其中的理由。最后，他得出了自己的结论——正是因为贯彻了“店铺因顾客而存在”的理念，大户屋才有了今天。

“店铺因顾客而存在。正是因为我们始终珍视并遵循这一理念，大户屋才没有被时代抛弃。‘店铺因顾客而存在’这句话，充满了魔力。”

诚然，正因为父亲始终以顾客为上，诸如凉拌海苔的“存管服务”之类的创意才能层出不穷吧。

一家店铺，若想永葆活力并非易事。或是刚一尝到赚钱的甜头就开始目中无人，或是忽视顾客需求，一味地从自身利益出发的“利己主义”作祟——“顾客虽然这么说，但实现起来太困难”，一旦出现这样的苗头，店铺就会中途丧失成长的力量。顾客至上虽说是所有行业共通的认识，但其对于餐饮店的意义尤为重要。

诸位读者在选择就餐店铺时，应当不会关心它是个体店还是连锁店吧。选择的标准不外乎一条——在哪里吃可以最大限度地获得满足。正因为如此，店铺间的竞争才格外激烈，我们也更加不可以丝毫偏离顾客至上的理念。

而且餐饮店的顾客反应十分迅速。新菜品一推出，在外边的看板上一宣传，其评价马上可以通过客户数量体现。

父亲对于顾客的重视程度甚至可以用“偏执”一词来形容。菜品自不用说，对于餐具的摆放、锅具的刷洗等，事无巨细，一律过问。哪怕是筷子的摆放，父亲也会严格要求，决不允许“有一点儿倾斜”之类的情况出现。父亲对于细节的重视已到了离奇的地步。

父亲很喜欢用“不放过任何一个角落”这个词。

“经营一家店铺，一定要考虑到顾客。为了顾客，必须将店铺的任何一个角落都打扫得干干净净。”

“在任何一个角落，都必须体现对顾客无微不至的关怀。”

正如“神明宿在细节处”这句话所言，父亲当时怀着一种强烈的奉献精神。他要将这种精神的种子撒到店铺的每一个角落，为顾客打造出一个完美无瑕的店铺。

当然，父亲并不能仅凭一己之力支撑起店铺的所有。因此，他还必须将自己所秉承的“店铺因顾客而存在”的理念传递给所有的员工。

父亲的说教屡屡“一发不可收拾”。

一两个小时根本停不下来。一连讲上三个小时也是常有的事。

“你坐下。你啊，到底知不知道，筷子摆得斜成这样是不可以的？顾客在用餐时，看到这样的筷子会怎么想？你想过没有？”

父亲的这种执拗可以叫“热血指导”，在他成为会长之后仍不曾有半分改变。即使自己的说教讨了员工的嫌，也乐此不疲。因为父亲明白，只有将“店铺因顾客而存在”的理念传达给员工，才能将连锁店开起来。

但父亲的说教绝非“一刀切”式的胡乱指责。他总是在仔细观察员工的行为之后，对症下药。对于有的人，他会教他怎么整理餐具，对于另一个人，他又会教他如何切好卷心菜。父亲会精准地指出每一个人不足的地方，并帮助他改善。

在大户屋，一家店通常由一个店主和20—30名员工（小时工和临时工）组成。大家因为生活、教育、思想等环境的不同，对于事物的判断基准也不尽相同，能力方面自然也各不相同，有的擅长烹饪，有的擅长接待，有的擅长打扫等。即使具备同样的能力，其水平也是高低不等的。

尽管人各不同，但只要大家能拥有相同的判断基准——“店铺因顾客而存在”，都能站在顾客的视角看待问题，无一例外，店铺都能发展壮大。所以父亲才说“店铺因顾客而存在”。这句话充满了魔力。

那么，又该如何统一大家的判断基准呢？

其中的关键就在店主。父亲每周六都会巡视各个店铺，安排时间跟各位店主进行交流。

在一次又一次的对话中，不断去灌输“店铺因顾客而存在”的理念，让它们在各位店主的脑子里生根发芽，再转化成具体的行动，包括如何向顾客打招呼、如何烹饪、如何打扫等。

店里的员工自然会关注店主待人接物的一举一动。受店主顾客至上思想的感染，他们先会感慨“这个领导真不错，把顾客看得很重呢”，随即自己的思想也会逐渐发生变化。思想改变之后，行动也会改变。

思想决定行动，行动养成习惯，习惯生成性格，性格决定命运。

父亲将顾客至上的理念，贯彻到了每一个角落。池袋地区起步最晚的大户屋之所以能取得发展，正是得益于这一点。吉祥寺店成功之后，父亲将这种经营风格又拔高了一个层次。

连接“手工制作”和“连锁经营”的桥梁

另一方面，出于大户屋商务模式的考虑，也必须宣贯“店铺因顾客存在”的理念。

一直以来，大户屋采用的都是现场烹制的经营方式。此举与当时连锁店经营的概念可谓背道而驰。

餐饮行业的连锁店经营起源于美国。其特征是采用中央厨房提高制作工序的加工度。70%—80%均在中央厨房完成，现场烹制的占比可压缩至 20%—30%。如此一来，既可以有效减少品质差异，也能大幅降低人工费——现场制作工序简单，即使是经验尚浅的临时工也能胜任。这一点是基本。

从美国引入的这套理论，虽然适用于西式餐厅，却跟日式餐厅有些格格不入。

和食最讲究材料的味道。提前烤好或是煮好的鱼，即使用微波炉重新加热，也不会好吃。当时，日本国内的餐饮连锁店经营者当中，也有人将西式餐厅积累的经验直接移植到和食领域的，结果并不理想。

大户屋在吉祥寺店取得成功后，也始终坚守“现场烹制”的大原则不松懈。当然，大户屋也为此付出了不小的代价。尤其是厨房操作流程的确立，可谓煞费苦心。单是烤鱼这一道菜，就有事先处理、火候调节、出锅处理等好几道工序。除了鱼类，肉类菜肴也一样，现场烹制都需要花费大量的时间。

若请专业的师傅来做，这些问题都能迎刃而解。但这样一来，菜品的价格就会飙升。必须请小时工、临时工来做，且所有店铺的味道必须一样。

据说，大户屋上市后，父亲曾跟其他餐饮连锁店的董事之间有过这样一段对话。

“三森先生，大户屋真是了不起啊！”

“哪里了不起呢？”

“大户屋都是现场做鱼，了不起！”

在那些主张以中央厨房的形式开展连锁经营的美式经营者看来，大户屋的行为确实有悖常理。

我在前面提到和食最讲究材料的味道，事实上，在父亲看来，和食具备的特征有三：材料、发酵和做菜人的手艺。

以寿司为例。寿司以主料和米饭为材料，通过醋和酱油发酵后，师傅再用手艺捏制而成。三个环节的完成度决定了寿司的品质。

众所周知，日本的发酵食品众多。除了醋、酱油，还有味噌、甜料酒、日本酒、鲣鱼干等。在大户屋，我们对发酵调味品的品质极为重视。为充分发挥发酵食品特有的甜味、鲜味，大户屋一直采用从腌制的新鲜鲣鱼和严选的海带等提取汤汁的做法。除此之外，大户屋还严格挑选食材，将“安心、安全”视为对顾客最基本的承诺。

大户屋果真执着至此？——或许有人会提出这样的质疑吧。但答案是肯定的，大户屋果真这么执着。所以，父亲才有了下面这样的感慨。

“大户屋已经实现了上市，这个时候再说这样的话或许有些不合适。但不得不承认，干餐饮这一行，真是越认真就越无利可图。”

话虽如此，在追求利益还是追求品质的抉择中，父亲却从未迷失过。“大户屋为何如此执着于现场烹制呢？”——每当媒体或是公司内部提出这样的质疑时，父亲总会将他那双原本就很大的眼睛瞪得溜圆，干脆又利落地回答道：“这还用问吗？现场手工制作、刚出锅的菜肴才好吃啊。给顾客端上这样的菜，他们也会开心的，不是吗？”

似乎有些跑题了。我想表达的是，在大户屋内部统一“店铺因顾客存在”的意识极为重要。

大户屋虽然也有烹饪指南，但因为是现场手工制作，不同的人做出来的味道总会有些差异。能否将这种味道的差异控制到最小，就要看每一位员工的“想法”了。

若每一位员工都能怀着一颗“想让顾客品尝美味菜肴”的赤诚之心，各个店铺菜肴的品质必将提升，味道的差异自然也能控制在一定的范围内。在不依赖中央厨房的前提下，要实现店铺的连锁经营，必须统一思想。这可是比烹饪指南更重要的关键所在。

这样一想，大户屋这种营业形态，若没有一个有着强烈的理念，或者说胸怀大志的人领头，不仅会组织涣散，其商务模式之根本亦有可能动摇，甚至有覆灭的风险。

任何一个公司，其创始人的影响力都是巨大的。对于大户屋而言，这种影响力更甚，远超出一般公司。因为大户屋的构成本身就充满了宿命的味道。在强大宿命之力的推动下，理念不只是简单的口号，而成了事业模式不可或缺的一种存在，深深地融入了大户屋的血脉。这也是父亲一离开人世，公司就立即陷入混乱局面的原因之一吧。

日历上的数字

为实现股票上市，必须保证企业赢利。为此，父亲开始对数字进行精细化管理。

父亲每天一定会在办公室的日历上写上当天的进账金额、出账金额、现金余额，艰难地与资金周旋着。也就是所谓的手写版现金出纳账簿。

在本章的最后，附有一份 1999 年 1 月的日历，读者不妨一看。日历上密密麻麻写满了小字。

每一栏上都写着“租赁○○万日元、房租○○万日元、水电费○○万日元……”。每一栏外面还记录了每家金融机构的定期存款金额。

除了这个日历，父亲还在另外一本随身携带的笔记本上按日期记录着每天的天气、销售额、顾客数量、采购金额、消耗品采购费用等。每一天占一页。这本用醒目的大字记录的笔记本，父亲曾多次向我展示过。

一个是写满小字的日历，一个是醒目大字记录的笔记本。

每每看到这两样东西，我都能感受到父亲身上那股对于事业的强烈的执念。

事实上，就在吉祥寺店重新装修后的第二年，也就是1993年，日本遭遇了史无前例的冷夏，导致大米严重不足，非现金不能购得。当时，吉祥寺店虽生意尚可，但资金仍出现了缺口，周转困难。

将现场手工制作的日式套餐，以低廉的价格提供给顾客——大户屋这种全新的事业模式，本就不是一个可以轻松获利的买卖。从食材的采购态势到烹饪工艺，再到员工的配置，父亲只能在一遍又一遍的试错中，一步一步奠定事业发展的基础。

为了削减交通费，父亲只得骑自行车上下班。从家里到店铺单程需要花费1个多小时。那个时候的父亲，经常早出晚归，全身心扑在工作上，回到家早已筋疲力尽，只能倒头大睡。艰苦的日子，持续了许多年。因为父亲自己没有薪水可领，只得依靠田无大楼（总部所在地）的微薄租金，勉强维持三森家的生活。

直到1998年，待烹饪工艺确立之后，父亲终于可以按月领取自己的工资了。

与田无事务所相毗邻的是大户屋的顾问税理士事务所。当然，是父亲拜托人家搬过来的。如此一来，父亲只要在数字上遇到不明白的地方，就能随时过去请教老师。

父亲常对我说："高中毕业的我，虽不具备财务相关专业知识，但经营更重要的是要化繁为简，简单思维。每个人应该都很清楚自己的个人存款和借款的余额吧。只要诚心投入事业，自然就会对借款、存款的余额有一定的认识。

"有时候也会听到某人很擅长数字之类的话，但我认为，仅擅长财务或会计的工作远远不够。你若诚心投入事业，自然会对数字越来越敏感、越来越擅长。"

父亲的经营之路之所以能走得长远，主要得益于两点。一个是他要在全日本展开日式套餐连锁店的无限热情，另一个是他日复一日对数字精细化管理时的小心谨慎。这两点犹如一辆车的两个轮子，共同推动大户屋滚滚向前。

父亲、母亲和我

只要有新店开业，我和母亲一定会去现场派发装有店铺介绍的纸巾。

若是一般的个体店，老板娘亲自发传单或许并不稀奇。而一个经营着10家、20家店铺的连锁店社长的老婆、孩子，不为参观，只为去新店帮忙派发纸巾的情况是不多见的。

但在我们自己看来，这是再自然不过的了。

至于其中的理由，我曾问过母亲。

母亲的回答很简单：“比起妻子，我更希望做一个与你父亲志同道合的战友。”

正如我在前文所述，母亲与父亲的相遇，要追溯到吉祥寺店重新装修前。那个时候，父亲正在摸索一种全新的日式套餐店形式。母亲站在女性特有的视角，给了父亲许多打造店铺的建议。那个时候，日式套餐店还是男人的天下，女人很难进入。父亲并无任何可以借鉴的经验或先例，所以也十分倚重母亲。

从那个时候开始，父亲就已经是个工作狂了。他几乎将他所有醒着的时间都奉献给了工作。

在我的脑海里，没有任何同父亲一起去游乐园或者旅行的回忆。但母亲从来没有责怪过父亲。

母亲早暗暗下了决心要做父亲最忠实的理解者。她要成为父亲的同志，与他一起并肩作战。因为是同志，所以一定要在开业那天赶去“战场”。

很多年后，父亲开始固定在周日休息了。于是，我们一家三口骑着自行车巡访各式各样的餐饮连锁店就成了三森家每个周日的常规节目了。到了店里，父亲几乎会将所有的菜品都点个遍。他自己尝一口之后，会让我和母亲来吃。

刚吃一口，父亲就会迫不及待地问意见：“怎么样？好吃吗？”

我若回答“不怎么好吃”，父亲就会抿嘴一笑，然后安慰似的说道：“可不是嘛，确实不好吃。”反之，若我回答“这个好吃！”，父亲则会一脸认真地问“你觉得哪里好吃？”，一定要刨根问底。

这就是三森家特有的家庭时光。即使是在一周仅有一天的休息日，父亲也常常考虑工作的事情。

据母亲所言，父亲从来没有跟母亲一起庆祝过结婚纪念日。就连珍贵的结婚戒指，也在结婚 3 个月后就遗失了。父亲还试图辩解过，说是“蒸桑拿的时候，不小心从手指滑落了”。母亲虽觉得不可思议，却也拿父亲没有办法。

尽管如此，母亲始终对父亲的志向抱以无限的敬意。她之所以嫁给父亲，据说也是因为被他身上的那股强烈的志向吸引了。大概是为了确认父亲的心意吧，母亲时不时会这样问父亲：

“你这样废寝忘食地工作，到底是为了什么呢？”

“大户屋一定要为世人、为社会做贡献。我是在回报社会。”

“你这么努力不是为了我们这个家吗？”

“为了这个家？当然不是！”

自己并不是为了家人而工作。父亲的回答斩钉截铁。我认为这正是父亲伟大的地方。

父亲自己对奢侈的生活并无兴趣，我们家里也没有什么像样的资产。他无私地将自己整个人生都奉献给了大户屋，其中不曾裹挟任何私利私欲。

他也不会在房子上投入太多金钱。

公司上市前，家里的房子小得可怜。没有汽车，只有3辆自行车。

有一次，父亲请一个员工来家里吃饭。员工来了之后，发现我们家竟比他自己的家还要小，大吃一惊。公司上市后，我们虽然搬到了一个大一点的房子，但也不过是郊外一个再普通不过的公寓罢了。

父亲对于穿着也毫不介意。

婚前一直从事服装相关行业的母亲，曾多次以“毕竟每天要面对那么多员工”为由，劝说父亲“穿得体面一些”，可父亲从来不听。公司上市后，接受媒体采访的机会多了，父亲终于听从母亲的建议，穿戴得稍微体面了些。

父亲的大脑已经完全被工作占据了。

父亲常说：“老天爷是公平的，它给每个人的一天都是24小时。如何使用这个时间很关键。作为经营者，除了睡觉，其他所有时间都应该用来思考他所从事的事业。若非如此，很难成功。”

总有一天会长成参天大树

父亲总是很忙。因此，偶尔得空在家时，他总会逗我玩。小时候，我坐在父亲腿上听到的那些话语，仿佛咒语一般，至今仍盘旋在我的脑海里，久久不能散去。

其中之一便是《米槠树和橡树果》。它是由一个名叫八波则吉的教育家创作的一篇词。父亲将其中部分内容改编后，经常说与我听。《米槠树和橡树果》的原文如下：

山脚下的那株米槠树
随心所欲　肆意蔓延
草儿也不敢靠近它的身旁

一颗橡树果从山林中滚落
被人们无情地践踏
它抬头看着米槠树说道

“等着瞧吧！
总有一天我也会长成参天大树
受尽众人敬仰！”

几百年后
山脚下的那棵参天大树
是那株米槠树　还是橡树呢

父亲将其中的“等着瞧吧！总有一天我也会长成参天大树，受尽众人敬仰！”的部分改成了“等着瞧吧！总有一天我也会长成参天大树”，时常哼唱给我听。

父亲常在我耳边哼唱的另外一个是会津民谣《会津磐梯山》中登场的小原庄助先生。这个名字大家应该并不陌生，内容如下：

小原庄助先生什么让你穷困潦倒？
一生无所事事，
睡觉、喝酒、洗澡，
才会如此下场
哈　理应如此　理应如此

上面这些话，既是父亲对我的教诲，也是他给自己的劝诫。父亲从来没有对我说过“好好学习”之类的话，一次都不曾有。但他从更高的维度，教会了我生而为人应该如何度过这一生。

阪神·淡路大地震

到了小学高年级时，父亲对我的教诲一下子具体了起来。或是跟我历数大户屋起家的来龙去脉，又或是不厌其烦地向我灌输志向的重要性。还时常将“定目标要趁早”“要成为一个于他人有用的人”等话挂在嘴边。

父亲将与我在一起的时间，看得比什么都重。

若母亲试图从旁插话儿，就会落得父亲一顿呵斥：“你不要插嘴！”

回想起来，父亲给了我许多教诲。其中一个，就是阪神·淡路大地震时发生的事情。

1995 年 1 月 17 日，一场突如其来的地震发生了。父亲在震惊之余很快就采取了行动。

那个时候的新闻是这样报道的：

“地震发生后的第三天，自发组织救援物资运输。”

阪神大地震发生后，国家及自治体的救援对策迟迟不到位，各界批评之声不断高涨。然而，此前早已有人自发组织粮食等救灾物资，自行运往灾区。个人可以搬运的量虽有限，但这份善意和行动力让灾民们颇受鼓舞。

在池袋、高田马场、吉祥寺经营餐饮店的大户屋（总部设在田无市）社长三森久实（37 岁），通过电视报道等获悉灾区的现状后，动用了公司内部以及供应商的力量，自发筹措了粮食等众多物资。

其中包括大米 200 公斤、饮用水、软罐头食品咖喱、杯面、水果、便携式怀炉等。地震发生的第二天，即 18 号下午 6 点，载着 2 吨物资的卡车从东京出发，专线往灾区方向运输物资。

原本，三森社长以为“国家以及自卫队运输救援物资的车辆肯定会堵塞道路，卡车很难走到神户。只能把物资托付给京都或者大阪的救援机构”，没想到国道竟然十分畅通。卡车穿过高低不平路段和地震裂口，冒着底盘被划破的风险，在检查站警察的指引下，终于在出发 10 个小时后，即 19 号的凌晨 4 点，将物资送到了接收地——神户市役所。

在那里，三森社长并没有见到国家的救援物资。映入眼帘的，都是从各地奔赴而来的志愿者们自发带来的物资。其中有一对夫妻，他们开着岐阜车牌的卡车，运来了满满一车的物资。

回来的途中，路过一家便利店，看到许多灾民在排队买食物，三森社长不禁后悔起来：“刚刚把物资卸在了市役所，早知道这样，还不如直接在这里发给他们呢。”

“因为顾客来店里吃东西，大户屋的生意才能做得起来。可能是这层原因吧，我只要听到有人没有东西吃，就会不自觉地产生一种义务感。这种义务感会让我坐立不安，一定要去为他们做点什么才能消除这种不安。”

三森社长认为，这次的灾情对于他自身而言也是一个很好的机会，可以借此好好思考“我们工作的意义究竟何在”。他还表示“希望可以再筹措千人份的粮食送往灾区，还想购入一台可以现场烹制食物的卡车”。

（1995 年 1 月 29 日 《读卖新闻》）

每当父亲回忆起这个场景时，总会对我说“自从那件事以来，大户屋的事业就开始好转了”。通过这次的经历，他深刻地感受到了为他人着想之情、博爱之心的重要性。扪心自问、重新审视大户屋存在的意义之后，不可思议的事情发生了——父亲的人生竟出奇地顺风顺水起来。

卡拉 OK 必点歌曲——吉田松阴

父亲一旦认定一个东西，便轻易不会改变。只要看电影，父亲一定会选《教父》。一有空闲，父亲就会把自己关在房间里一遍又一遍地看。《教父》讲述的是一种家人之间的牵绊。主人公是三兄弟中的老幺，或许父亲在他的身上看到了自己的影子了吧。

只要唱卡拉 OK，父亲一定会点尾形大作的《吉田松阴》。一拿到麦克风，他就会一直唱，单曲循环。

父亲对于松阴的喜爱可谓深入骨髓。他曾在一次演讲中这样说过：

“建议大家去学习学习吉田松阴。松下幸之助先生也学习过松阴。幸之助先生所主宰的松下政经塾，其原型就是松下村塾。松阴虽然只在松下村塾待了两年，却培养出了好几位改变日本的国家栋梁，而且还是在自己身陷囹圄，没有太多时间与塾生们接触的情况下。

“在这么短的时间，他到底做了什么呢？他引导塾生们自己开悟了。因为已经开悟了，所以即使塾长松阴不在，也没有问题。可见，塾生们所领悟到的那一点，力量之强大。那他们到底领悟到了什么呢？松阴生前曾留下过这样一句话‘立志为万事之本’。

“我非常喜欢这句话。意思是说，对于一个人来说，树立人生志向比任何事情都重要。若志向不立，人类本质上所具备的那些能量就很难发挥作用。只有确立志向，人才能找到奋斗的目标，从而发挥出难以置信的力量。”

（选自 2014 年 1 月举办的“日经餐厅经营塾”）

在整理父亲遗物时，我无意间发现了一本山口县小中学生用的教材。打开一看，里面也有这句“立志为万事之本”，还被特意圈了出来。

松阴让弟子们明白了立志是何等重要。他的弟子们完美地继承了他的理念，为明治维新做出了巨大贡献。父亲也十分钟爱松阴的爱徒——高杉晋作的那句“志高气自扬”（只要志向高远，神气自然昂扬）。

松阴认为，一个人若没有大志，就是做学问，也只会徒增弊害。

“丧志后而修学问，越精进，其弊害越大。欲成就一番大业却误入歧途，有损节操，最后屈服于权利私欲。”

高中时代的我，在看到了自己的未来后，曾拼命学习过一段时间。就在那个时候，我跟父亲吵了一架。

“我说你啊，为什么在学习?!”

“人家明明很努力地在学习，你为什么要用这种语气!”

父亲为何会生气？当时的我完全摸不着头脑。那一天，他喝得醉醺醺地回来，我单纯以为他不过是在故意找碴儿罢了。可是，我想错了。父亲其实另有深意。他想说的话，其实就隐含在吉田松阴的那段话里。父亲对于松阴的信奉可谓诚心。

这是我跟父亲唯一一次吵架。反过来，我这辈子也只被父亲表扬过一次。我从三菱 UFJ 信托银行离职时，一位与他交好的银行人员，在父亲面前夸奖了我的销售业绩以及业务态度。“你在银行好像挺努力的啊”——听了朋友的表扬后，父亲这样淡淡地夸了我一句。这是唯一的一次表扬。此前从未有过，此后也没有过。

因为工作的关系，父亲总是凌晨才回来，周末也几乎不休息。所以，我跟父亲在一起的时间并不多。而这为数不多的时间都被父亲拿来进行“立志教育”了。

后来，我进入大户屋工作，却惊奇地发现，家里的父亲跟作为经营者的父亲并无两样。作为经营者，父亲同样不厌其烦地跟员工们诉说着立志的重要性。没错，那就是我从小看到大的父亲的样子。

父亲从来没说过让我进大户屋之类的话，也从来没跟我传授过经营之法。然而，从某种意义上来说，父亲对我进行的“立志教育”，其实就是一门领导者素质培养课程。

股票上市和暴食症

20世纪90年代末，在投资公司等的支持下，大户屋加快了开店的步伐。彼时，我正好读小学高年级。

在此之前，大户屋每年开店的数量只有几家，那个时候，我还能清楚地记住每一家店的位置。渐渐地，我的脑子开始跟不上开店的步伐，新的店铺如雨后春笋般涌了出来。或许还因为迎来了青春期，慢慢地，我开始缺席新店开业活动，不再跟着母亲奔赴现场帮忙了。

1979年，父亲从荣一爷爷手里继承了池袋的大户屋食堂。1992年，吉祥寺店重新装修。13年间，大户屋不过才开了3家店。然而，9年后的2001年8月31日，当大户屋实现股票上市时，店铺数量一口气增加到了66家。

“日式套餐店怎么可能上市?”——在质疑和嘲笑声中，父亲不忘初心，砥砺前行。在IT泡沫分崩离析、股票市场萎靡不振的环境下，如期实现了大户屋的股票上市。在上市前的准备阶段，父亲曾多次与审计公司就数字目标进行探讨，怀着“不达目标，誓不罢休”的超常决心确定了宏伟目标，并完美达成了预期。

要为荣一爷爷“洗刷污名”——父亲对荣一爷爷的这份“心意”，成了支撑大户屋发展的精神支柱之一。筚路蓝缕二十载，父亲终于将大户屋打造成了日式套餐行业首个上市企业，以一种至高无上的方式彻底地洗刷了荣一爷爷所背负的污名。

父亲该有多高兴啊。大户屋上市的那天晚上，父亲叫了皆木先生一起庆祝。他们二人去了我家附近的一家父亲常去的寿司店。父亲与皆木先生的关系亲如兄弟一般，当初也正是他劝说父亲上市的。

第二天，新闻中就出现了大户屋受到各方高度关注的报道。

“在首都圈开展日式套餐连锁经营的大户屋于 8 月 31 日，在公开（现在的 JASDAQ）市场新上市，引众多投资人士高度关注。当日收盘价为 2060 日元，高出公募价格 58%，交易额高达 96 亿日元，占 JASDAQ 市场整体的 43%。

“大户屋汇聚了大量面向女性顾客的菜品，有着独特的店铺经营战略，目前正在急剧扩张中。在股票市场不利因素较多的形势下，有望实现切实的增长，从而引起了各方高度关注。

“大户屋开展的是日式套餐店“大户屋餐馆”的直营连锁经营。大户屋用心研发了许多特色菜品，例如一些主要面向女性顾客的“米饭减量”套餐等，与那些以男性顾客为主的套餐店风格迥异。来店顾客中一半均为女性顾客。1998年后，几乎年年利润倍增。据预计，2002年3月期的销售额相比上一期，有望增长约90亿日元，实现43%的增长。经常性利润也有望增长6亿2000万日元，实现41%的增长。”

（2001年9月1日 《日本经济新闻》）

公司上市时，大户屋通过公募增资筹措的4亿日元，全部充当了开店资金。上市之后，父亲的志向虽未改变，但一些新的问题浮出了水面。

我在前面提到过，大户屋的生命线就是要在公司内部充分统一“店铺因顾客存在”的意识。在几乎百分百现场烹制的前提下，要实现连锁店经营并非易事。要想在“味道”和“规模扩大”之间取得平衡，真谛就在于“店铺因顾客存在”的意识。若公司上下无法心怀同一个梦想，并以一种近乎愚直的热情投入工作，大户屋这种营业形态就会崩塌。

然而，随着组织规模的扩大，理念的统一变得越来越困难。

公司上市之前，大户屋的员工都是一些热爱餐饮、接待工作的人。上市之后，在媒体一次又一次的曝光下，大户屋建立了一定的社会信誉，一些变化开始出现。许多对餐饮工作并不十分喜欢，只想有一份稳定收入的人开始进入大户屋。其结果，理念的统一也越发费力费时，父亲曾一度为此十分苦恼。

或许是压力太大的缘故，父亲竟有了暴食症的迹象。他每每回到家，他就会一头扎进厨房，将冰箱里的东西消灭殆尽。

因为本身从事的就是餐饮的工作，白天就会进行许多试吃。

晚上的应酬多半都在喝酒，饭也吃不上几口。每逢这种场合，父亲总是竖起耳朵，专心致志地接收着同席人员释放出来的各种信息，以期将来为大户屋所用，根本顾不上吃东西。有过相同经历的人大概都清楚，凡是参加这种喝酒的聚会，一到夜里难免会想吃东西。

但夜里吃东西伤身体。母亲为此常苦口婆心劝说，无奈父亲根本不听。

记得那一年父亲生日，母亲特意买了一个生日蛋糕回来。因为父亲总是凌晨才回来，母亲便先把蛋糕放进了冰箱，想着早上一家三口一起庆祝。起床后竟发现，父亲早已拿着勺子把蛋糕吃得面目全非，让人不忍直视了。

我和母亲忍不住抱怨父亲，却被他一句话给堵得哑口无言："反正是我的生日，我把蛋糕吃了有什么问题吗？"我和母亲面面相觑，终于认识到了事态的严重性，决定要采取行动了。

忍无可忍的母亲，某一天偷偷把厨房的门锁上了。毫无疑问，这个举动惹得父亲勃然大怒。

“这可是我的家！为什么要锁上厨房的门?!”

“我这可都是为了你好啊。”

“混账！下不为例!”

除了吃，父亲还酷爱喝酒。小时候，我曾在父亲威士忌的瓶子上标过刻度，要求父亲“每天只能喝到这里为止”，可父亲全然不顾我的劝诫，依旧嗜酒如命，体重从80公斤左右飙升到了100公斤以上。

厌恶娱乐活动的父亲

股票上市，对于任何企业来说，都是一个大目标。成功上市后，不少经营者都会长舒一口气，流露出懈怠之意吧。但父亲不然，他反而愈发严格要求自己，以一种近乎禁欲主义的姿态投入到了大户屋的事业中。所谓的禁欲主义，具体表现在什么地方呢？从父亲对待媒体采访的态度中，我们可以窥得一二。

大户屋刚上市那会儿，报纸、杂志、电视采访的邀约像雪花一样飞来。

不同的企业，由于立场不同，对待媒体采访的态度自然也不尽相同。但多数情况下，只要不影响正常营业，企业都会接受媒体的店铺采访邀约。社长采访也一样，只要不增加业务负担，许多社长也会欣然接受。更何况像大户屋这种面向一般消费者的餐饮业，更是不遗余力地想借助媒体的东风，扩大宣传效果。

然而，父亲不同。

父亲会接受经营相关杂志的采访，而对于周刊杂志等一般杂志的采访他会经常拒绝。电视节目也一样，经济节目可以接受，娱乐节目绝对NG。

节目组曾提出各式各样的企划，例如请艺人品尝大户屋的菜品，然后猜测菜品价格等，公司的宣传负责人也曾多次从中牵线搭桥，可父亲始终没有点头。说起来，父亲在家里，从来只看NHK的节目。一发现我看民营电视台的娱乐节目，父亲总会火冒三丈。

大户屋对于父亲而言，不是闲来无事拿来消遣的存在。它源于“家庭替代餐”的崇高志向，包含着父亲许多年来近乎愚直的经营血泪。父亲无法容忍它被人们拿去做粗鄙的消遣。

一次，一家收录写真页的周刊杂志提出想采访父亲。不料，惹得父亲勃然大怒：“日式套餐跟裸女的照片出现在同一本杂志里，你们不觉得奇怪吗!?”

父亲绝不允许别人轻视日式套餐。

荣一爷爷在世时，靠自己的双手打造出了一家每天来客量达千余人的人气店，最后却只落了个“脏兮兮的日式套餐店的老掌柜”的污名。父亲将这份屈辱转化成了奋进的动力，不仅成功将大户屋改造成了女性顾客纷至沓来的餐厅，还实现了股票上市，让大户屋的名字家喻户晓。

父亲经营大户屋，并不只是出于赚钱或是开设更多店铺这类轻率的目的。他的动机要更崇高、更厚重。不为沽名，也不为钓誉，只是真心想为顾客做点什么。若非真心，父亲早就会放弃费时又低效的现场烹制。父亲身上依然保留着“日式套餐店店主”应有的那份矜持。

父亲总是一本正经的样子。即使美酒下肚，父亲也从不会胡言乱语。酒过三巡之后吐露的肺腑之言也都是与工作相关的。譬如，怎么才能让大户屋变得更好等。面对家里人，或是员工，或是生意伙伴，父亲从来都是一副相同的面孔。

父亲虽嗜酒如命，但记性出奇地好。哪怕是烂醉如泥，也从来不会忘记说过的话。周围的人，包括一些公司里的干部员工对此应该很头疼吧。

公司一上市，自然会被市场寄予厚望。为了回应市场的期待，许多公司开始误入歧途——过度追求眼前的业绩，不惜以牺牲原有的商务模式为代价，一味追求效率，最终丧失了自我竞争力。大户屋之所以能幸免于难，身为创始人的父亲在其中发挥的作用不可估量。我这么说，并非因为我是父亲的儿子，所以有意抬高或偏袒，而是事实就是如此。

父亲曾在一次演讲中，倾情讲述过这样一些话。

“大户屋的商品真是太棒了！他们居然能开发出这样的商品？——就是要给顾客制造这样的惊喜。若不能把这一点装到心里并常常思索达成之法，是绝对不行的。我从19岁开始就一直在思考这个问题。若半路丢了这个初心，大户屋早就不复存在了。当然，提高利润也是非常重要的。只是，若只追求盈利，好企业会顷刻覆灭。

“如今，世代更迭如火如荼，创始人将来会越来越少吧。许多公司打破子承父业的世袭制传统，开始聘请平民社长。这么称呼或许有失礼仪，但这种变化确实已经发生了。新官上任，自然想在短期内创造利润。因为他们想在任期内拿出业绩，从而拿到更多的报酬和离职金。

“这么说可能有些极端。并非所有的平民社长，都是这个样子。但不可否认，他们很容易变成这样。一旦他们这么做，那公司会怎样呢？公司会逐渐偏离要取悦顾客的初心，在追求业绩的歧途上一去不复返。对于顾客的需求，他们会越来越迟钝，最后走向覆灭。

“一个公司，若放弃了想要取悦顾客的追求，那还不如从一开始就不要经营什么公司。想要为顾客服务的心意一旦枯竭，不如趁早卖了公司省事。这些都是我的肺腑之言。

“我从19岁开始接管食堂时起，所思所想之事只有一件——我要怎么做才能让更多的顾客，包括一些女性顾客光顾大户屋呢？念念不忘，必有回响。坚守初心，很重要。一旦失了初心，很快就会走向末路。

“大家可能也发现了，便利店卖的便当和副食越来越好了。但大户屋在追求的是一些便利店想做也做不了的事情。例如，大户屋一直坚持用腌制的新鲜鲣鱼。腌制的新鲜鲣鱼其实非常硬。所以我们就开发了可以削片儿的机械，今后我们会在所有店铺导入这种机械。用腌制的新鲜鲣鱼熬的汤，味道很不一样。便利店是绝对不可能做到这一点的。

“刚刚，我们的商品部在开发宣讲中提到要推出一些很没有新意的肉类商品，被我臭骂了一顿。我告诉他们，这类商品，那些日式快餐店可以比我们便宜一大截。就连便利店都可以推出相近的东西。为什么不去开发一些能让顾客眼睛一亮的、便利店和快餐店都没有的商品呢？”

（摘自 2014 年 1 月举办的“日经餐厅经营塾”）

一切评价，从“No”开始

父亲须臾不曾忘记“店铺因顾客存在”的信念。

商品部推出的所有新菜品企划，父亲都会一一过目。

2012年担任会长后，父亲开始将主要精力放在了海外事业上，在日本国内的时间也少了许多。国内的菜品开发工作也基本委托给了窪田社长。但父亲仍会一有空就叫来商品部的负责人，提出要试吃新菜品。

父亲的评价，总是先从“No”开始。无论什么样的菜品，父亲首先都是一通批评“这种怎么可以!”。总要经过几番改良之后，父亲才会给出“Yes”的反馈。

为何父亲总是给出“No”呢？因为他不仅关注味道，更对摆盘、器皿的使用等有着严格的要求。对摆盘更是到了“吹毛求疵”的地步了。摆盘不过关，他是绝不会给出“Yes”的。碰到不满意的时候，他干脆直接从员工手中要来夹子，自己亲自上阵。

之所以注重摆盘大概是出于对女性顾客的考虑吧。但不得不说，父亲的要求未免太过细致，以至于让人怀疑是否真的有必要执着至此。但他从来不会全盘否定。他会说："这个地方，如果这样做会更好。你再想想，再努力努力。"

父亲总是站在顾客的角度，一次又一次给出"No"的评价。

举个例子吧。在开发扇贝笼屉蒸饭时，商品部最初设计的是每份放 5 个扇贝的方案。遗憾的是，这个方案被父亲否决了。

"每份放 7 个吧。放 5 个，米饭会漏出来的。那样还算什么扇贝笼屉蒸饭？顾客又怎么会买账呢？"

站在商品部的角度，一份售价在 800 日元左右的菜品，能用上 5 个价格并不便宜的扇贝已经是极限了。但说到底，这些都是公司要解决的问题，不应该因此而牺牲顾客的利益。所以，父亲才给了"No"。

后来，商品部又重新审视了采购等环节，对商品设计进行了返工。多番探索之后发现，即使放 7 个扇贝也能勉强维持必要的利润。我并没有任何要指责商品部同事的意思，只是，人原本就是贪图安逸的生物，能少吃苦就尽可能少吃苦。我自己也是这样。但父亲不允许自己的员工在对待顾客这件事情上，有丝毫的懈怠之心。

这只是众多例子当中的一个。正是这样一个又一个严格的把关，才缔造出了今天的大户屋。

公司为了赢利，自然要格外关注经营数据。然而，若经营者眼里只有数据，所有的判断都只看数字，那么，终有一天公司会被顾客抛弃。顾客的眼睛是雪亮的。

因此，商品开发应该关注的不是成本，而是价值。

父亲站在顾客的立场，严格把关每一件商品，将自己对于顾客的拳拳之心倾注到大户屋的每一件商品中。

正因为如此，大户屋才会整个儿采购蔬菜，整块儿采购肉类，分到各个店铺后再进行切割。现如今，食材加工、保存技术日益发达，哪怕是中央厨房的形式也能为顾客提供美味的菜肴，但其风味始终不及现场烹制。预加工可以大大减轻现场作业的负担，其中的好处父亲虽懂，却不愿意选择此道。

在大户屋，哪怕是最普通的生姜煎猪肉，也暗藏无数玄机。除了采用 PB（自主品牌）生姜汁调味，我们还会用礤板礤下新鲜的生姜末，撒在上面。如此一来，菜肴的风味会更加突出。若没有一颗想取悦顾客的心，又怎么会去做这些费时费力的事情呢？

这种近乎禁欲主义的执着，正是大户屋的强大之处。

向海外扩张

也有不少员工，因为跟不上父亲的这一份“执着”，选择离开大户屋。并非父亲有意要刁难员工，只是，随着连锁经营的步子日益加速，父亲在公司里的气场也越发地强大。渐渐地，已经没有人能再向父亲进任何的忠言了。

然而，父亲对小时工、临时工们却格外温和。在父亲看来，这些在最前线直接与顾客接触的员工才是支撑店铺的核心力量。对于他们，父亲是怀着强烈的感激之心的。他会准确地记住员工们的名字和长相，甚至还会记得与他们每一次的接触。若上一次见面时得知对方身体抱恙，那么下次再见面时，父亲一定会关切地问他“身体好些了没有?”。不少员工甚至还公开表示自己是父亲的粉丝。

但父亲对正式员工十分严格，时不时还会厉声斥责几句。

大户屋菜品开发的工作，一直由位于池袋的“OTOYA”店铺负责。因此，父亲经常会在这里，边喝酒边跟“OTOYA”的师傅进行各种思想碰撞。

父亲也屡屡一通电话，就把总部的员工叫来这家店，开始他喋喋不休的说教。内容几乎都是围绕要怎么彻底打造一家真正的好店。被叫来的人，一般都会毕恭毕敬地站在父亲面前，认真聆听他的教诲。有时父亲也会说“你也一起吃啊”，但他们从来不敢从命。

父亲的手里掌握着许多信息。

某家店推出了某款反响很好的菜品啦，国外现在正在流行什么啦，父亲都了如指掌。或许人本就如此，一旦定下了远大目标，为了达成目标就会主动去收集各种信息。身为经营者更是如此，社长人脉丰富广博，各式信息自然纷至沓来。大户屋股票上市后，父亲对外的关系网应该延伸得更长远了吧。

父亲眼里的世界，原本就与干部或是普通员工眼里的世界不同。

公司上市后，两者间的差异或许已经演变成了一道不可跨越的鸿沟了。

2005年，即公司上市后的第四年，父亲开始向海外市场进军。

承蒙某商社负责人的介绍，父亲选定了曼谷作为大户屋海外第一家分店的落脚点。作为泰国的首都，曼谷的经济发展十分迅速。居住在当地的日本人数量很多，虽也有几家和食店，除了富士餐厅（由日本人在当地创办的企业），几乎都是个体经营户。

父亲在这里发现了巨大的商机。

近些年，餐饮行业的趋势也在不断变化。如今，越来越多的企业在国内开了几家店后，就会迅速将矛头指向海外，向海外扩张。可是从前，大多企业都是在国内市场达到饱和之后，才会将目光转向海外。但当时的父亲没有从众，而是选了一条少有人走的路，因为他敏锐地觉察到了亚洲其他国家对于和食的热情正在不断高涨。

与大量使用调味汁的法国菜不同，和食注重的是食材本身的味道。经过一番调查后得知，在泰国可以通过一些当地的厂家（由日本商社对其进行技术指导）采购到一些品质好的肉，也有法子买到一些很好的大米，但高品质的蔬菜要从哪里来是个问题。

在泰国，自然也能栽培出很美味的蔬菜。但泰国地处热带，低温运输等 3 温度带（冷冻、冷藏、常温）运输技术尚不成熟，如何运输高新鲜度的蔬菜是摆在父亲面前的一个难题。

尽管如此，父亲还是坚持两手并抓——一边开拓国内市场，一边火力全开向海外市场进军。关于物流，父亲甚至构思了一个大胆的计划——导入植物工厂的技术。所谓植物工厂，指的是一个采用荧光灯等来控制温度、湿度的房间，在其中培育出完全无农药的蔬菜。

若能在每家分店附近，分别配备这样一家蔬菜工厂，即使物流尚不完备，大户屋也能解决新鲜蔬菜供应的问题。植物工厂的量产技术在当时，甚至在现在，也并没有完全确立，父亲却用超前的眼光，看到了几步之后的情形，并在那里看到了无限的可能性。

记得当时父亲总是将这样的话挂在嘴边。

“身为大企业，在探索成功的可能性时，你只要比现在多走半步就好。但像大户屋这样的小公司，你必须多走3步才能避免灭亡。

“要去开拓距离现在3步之遥的事业，乍一看多半不可能。做不到的理由要多少有多少。但有这种心态的人是绝对不可能成功的。

“你必须拼尽全力去寻找做得到的理由。所以，不管别人背地里如何抨击，作为经营者，你必须带头做表率，勇往直前!”

大户屋的海外战略便是对这些话的明证——身为经营者的父亲身先士卒，率先奔赴到了战场。

父亲之所以会在泰国开设大户屋海外第一家分店，其中也有吉井大府先生的影响。吉井先生在曼谷闹市Silom区开了一家名叫“味里（MISATO）”的和食店。

父亲生前深深敬佩过3位厨师。他们不仅手艺一流，选择的人生之路更是波澜壮阔，引起了父亲深深的共鸣。

其中一位就是吉井先生。20世纪90年代，时年45岁上下的吉井先生，孤身一人远赴重洋来到了泰国。

吉井先生的厨师生涯，起步于京都的一家小店，在一流酒店作为厨师大展身手之后，他选择了自立门户。自立门户之地却是自己“一无所知”的泰国。现在的泰国，到处都是地道的日本料理店，但在当时，却凤毛麟角。吉井先生跟朋友、熟人借了开店资金后，带着“一旦失败，马革裹尸还”的决心在泰国开业了。经过不懈的努力，他将“味里”一举打造成了泰国最具代表性的日本料理店。

“你要是去曼谷，一定要去吉井先生的店。”父亲常这样对我说。

只可惜，未能如他所愿，我造访“味里”时，父亲早已不在人世了。父亲究竟在这家店里感受到了什么？他又想让我看到什么？很快我就有了答案。

“味里”的所有菜品，从味道到摆盘，跟在日本吃到的和食风格完全相同。

在海外开店的日本人很多，成功的却不过是极少的一部分。许多店，即使一开始完全复制日本风格，随着经营陷入困难，也只能进行“本地化”改良，味道、摆盘也都渐渐失去了原本的样子，开始匹配当地人的喜好。因此，在海外，真正与日本风格完全相同的店，反而少得让人有些难以置信。

然而，吉井先生一直在坚守。他将地道的日本菜带给了广大泰国民众。此功，不可没也。这份坚守的背后，应该是一颗满怀强烈志向的心吧。如今，吉井先生已年过六旬，依然每天吃睡在店里，一大早便亲自去市场采购食材。

吉井先生的所作所为引起了父亲深深的共鸣。从吉井先生身上，父亲找到了大户屋海外战略的关键——开设日本料理店本身并不是大户屋的目的。以食物为媒介，向全世界弘扬日本文化才是大户屋的使命。

醍醐灌顶后的父亲，在征得了一个相熟的京都的住持同意后，还把那些即将奔赴泰国的员工送去修禅了。除了禅，还让他们学了花道、茶道。餐饮连锁店在进军海外之际，竟做到如此程度，实在闻所未闻。

最多亏损5000万日元

大户屋的宗旨是为顾客提供手工制作的味道。在日本是这样，在泰国也一样。为了确保这一点，父亲开始从头培养人才。这份精力除了父亲，别人是断不可能有的了。

在开拓以泰国为首的众多海外事业之际，有一个人，对于父亲而言是不可或缺的、强有力的后盾。他就是秋场理先生。秋场先生曾在大型水产食品公司任职，后在曼谷创办了一家咨询公司，主要为进军东南亚的日本企业提供支援。

秋场先生比父亲小 4 岁，却是父亲珍贵无比的依靠。海外事业相关的一应事宜，父亲都会去找他商量。除此之外，他还充当了英语、泰语都一窍不通的父亲的翻译。甚至可以说，没有秋场先生，就没有大户屋海外事业的成功。

进军泰国之后，父亲逐渐将精力放到了海外事业上。2012年，父亲将社长的位子交给了窪田先生，逐步放手国内事业了。

海外事业开始占据父亲工作的重心。然而，这一块却恰恰是我记忆的空白。就在我决定写这本书时，心中涌现出了一股强烈的冲动，想要跟秋场先生去一探究竟。在开拓海外事业时，父亲都有过怎样的思考？又说过哪些话？我按捺不住心中的好奇，终于还是跟秋场先生开口了。结果，先生欣然应允。

以下，是我从秋场先生那里听到的一些趣事。

据说，父亲在首次进军海外市场时，就公开表示“一旦损失达到了 5000 万日元就撤退！”。虽然不同行业情况不尽相同，但将海外投资金额上限设为 5000 万日元，未免太过保守了吧。

秋场先生问父亲为何是 5000 万日元，父亲回答道：

“大户屋在上市之前，经常资金不足。凭借个人担保借来了些钱，总算勉强支撑了下来。虽然很辛苦，但在大家的大力支持下，大户屋还是成功上市了。上市之后，资金筹措确实轻松了许多，但我绝不能忘记从前的艰苦。

“所以，在决定开拓泰国事业时，我还苦恼了许久——到底是以个人名义来做，还是以大户屋的名义来做。

“虽然最终还是决定以大户屋的名义来做，但我绝对不允许泰国事业赤字累累，从而连累本体事业。如果损失超过 5000 万日元，我就会快刀斩乱麻，马上收手，然后用自己的钱从头再来。”

原本，愿意痛快地给日式套餐店融资的金融机构就是少数。

餐饮业靠的是每天的积累，只要店开得好，进的钱自然也水涨船高。但执着于现场烹制的大户屋，受到事业模式限制，很难迅速扩张。制造业、IT 企业只要产品或服务“押对了宝”，日进斗金也有可能，但大户屋很难如此。

或许是因为在钱上吃过苦头吧。父亲总是省吃俭用，一点一滴地积累起了自有资金。实际上，父亲一直以来所奉行和执行的都是无借款经营。父亲甚至认为，“从金融机构借来的钱，其实是别人的存款。那些钱归根结底也是顾客的钱”。

父亲绝不允许事业失败而无力偿还借款这样的事情发生。所以他才慎重再慎重，想要极力规避海外事业的失败对本体事业的影响，他不想因此让本体事业坚实的财务基础受到丝毫毁坏。

但话又说回来，为何是 5000 万呢？

记得当时，秋场先生与父亲之间有过这样一段对话：

“为什么是 5000 万呢？”

“我这个人吧，只要稍一放松，就会搞砸事情。原本能成的事业，也会因为一些外部原因变得不顺，5000 万一下子就会打水漂。”

“5000 万一下子就会打水漂”说的应该是居酒屋的那次失败吧。当时的损失刚好是 5000 万。时隔多年，父亲依然将当年的那次失败铭记在心，须臾不敢忘却。

秋场先生说过，来到泰国的那些日本经营者或者商人都喜欢打高尔夫，父亲却不然。无论谁来邀请，他从来都不去。父亲有他自己的理由。

“除了已有的事业，还要在海外开拓新的市场。若想成功，就必须二十四小时集中精力在工作上，否则很难成事。一旦精力高度集中，必要的信息自己就会送上门来。有了信息，我们就可以在问题变得严重之前采取措施，防患于未然。若对象是新事业，那么事业需要的条件也会逐步得到完备。只要集中精力搞事业，时时亲临现场，很容易就会发现店铺的问题。不仅能发现问题，还能大致摸清到底是钱的问题，还是人的问题，抑或是其他什么问题。”

在泰国，父亲依旧一心扑在事业上，心无旁骛谋发展。

在泰国引入日本式早会

为了确保大户屋在泰国的成功，父亲觉得有必要让身为翻译的秋场先生完全理解自己的想法。“若翻译自己不能理解，如何翻译？”——很多人往往会忽略这个再普通不过的道理，可父亲直觉地理解到了这一点。

于是，父亲从日本大户屋挑选了一批精兵强将后，就在曼谷竖起了海外第一家分店的旗号。新店开设后，父亲在培训当地员工的同时，也时不时会对秋场先生进行一番说教。

“秋场，你仔细看看那个员工（泰国人）。你看他摆放卷心菜（放到套餐里的）的表情就很好。最后摆上去的那个瞬间，饱含着他想要让顾客尽情享用的赤诚之心。只有这样，商品才会散发出光芒。这一点尤为重要。”

为了向员工们灌输理念的重要性，父亲把日本店的早会也引入了泰国店。每天早上，员工排成一列，全员一起高声喊出大户屋的经营之理念——“促进人们的身心健康，通过餐饮服务业为人类的生存发展做贡献！”

为了统一一线员工对“店铺因顾客而存在”思想的认识，父亲向来很注重早会，因为他一直将早会视为一件很庄严的事情。在这里，你可以看到，生活在各式各样环境下的人，为着一个共同的目标在努力工作。它不只是一个用来寒暄或是事项联络的场所。

“要是店里的业绩变差了，你只要去看一眼早会，其中的原因就能摸个八九不离十。一家店的状态、店主的心理状态、这些都会反映在早会上。”父亲曾如是说。

最初，秋场先生对在海外引入日式早会持否定态度。在他看来，“早会不过就是个仪式，一家公司并不会因此就变得更好”。但父亲还是以“秋场你不是店里的员工，你可以不喊我们的理念。就作为翻译出席吧”这样的说辞让他也参与其中。后来，在听取父亲的早会发言，以及观察员工和店铺的样子的过程中，秋场先生逐渐对早会的重要性有了全新的认识。

“餐饮店的招聘是十分开放的。很多店在招聘时不会考虑学历、性别、年龄、国籍等。那么，如此多样化的员工，管理者要如何去统一呢？这样一想，你就会明白早会的重要性了。

“大户屋为何要开始做餐饮？其初心何在？能为别人提供帮助又是一件多么美好的事情。一天又一天，一遍又一遍地说。只有这样，组织才能往一个方向走，‘店铺因顾客存在’的理念也才能沁入每一位员工的心里。”

事实上，早会绝不是父亲唯一的说教场所。只要一想到什么，他就会抓住泰国的员工，细致入微地教育一番。筷子的礼节就是其中一个例子。父亲在说明时会亲自示范，“你看，按照这样的顺序拿筷子的话，即使错一丁半点儿它也不会掉下来，看上去也很美观”。

除此之外，父亲还会苦口婆心地跟泰国的员工们灌输“赤字绝对不可以”的概念。

他总说“因为浪费，才会赤字。因为懒惰，才会赤字”。但另一方面，他也会说“一家店如果赤字，那也是个机会。可以趁机寻找扭亏为盈的办法。想一想，怎么做才能让越来越多的顾客光临。赤字其实给了我们这样一个认真思考、反省的机会”。

父亲不厌其烦、没完没了地说着，身为翻译的秋场先生只得一遍又一遍地翻着。秋场先生曾打趣似的说：“有时一说就会说上五六个小时，简直就像一个坏了的录音机，一遍又一遍地重复着相同的话。”

实在觉得为难时，秋场先生就会在翻译时略作裁剪。可每一次都会被父亲识破，还特意叮嘱他“要好好翻啊”。明明对语言一窍不通，不知为何父亲却在这些地方格外敏锐。父亲经常边喝酒边说教，可不论什么场合，他都会仔细去听秋场先生翻译的内容。

每一次说话，都一定要说到对方的心坎里。所以，在自己的话被对方听进去之前，父亲绝不会放弃说教。执念之深，甚至让人觉得有些害怕。

大户屋道

秋场先生曾问过父亲这样的问题。

“三森先生，您觉得自己的经营风格属于哪种类型呢？织田信长型？丰臣秀吉型？还是德川家康型呢？”

先生话音刚落，父亲便脱口答道：“我是三森久实型。”

很早之前，父亲就清楚地知道自己要做什么。

这一点我也赘述过多次。父亲毕生的心愿就是，要将满怀真心、手工制作的美味日式套餐带到全日本，甚至全世界。

父亲所敬爱的松下幸之助有一本著作《开路》，开篇这样写道：

“每个人都有自己与生俱来的道路要走，这是一条上天赐予的宝贵的道路。尽管每个人并不清楚这是一条怎样的道路，但它只能由自己去走，无法由别人代劳且无法踏上两次。”

我自己也很喜欢这一节。从前一个人住的时候，我还摘抄了这一段，把它贴在了厕所的墙壁上。不料被偶然造访的父亲看到。“看来，你很明白嘛！”——父亲当时很是高兴。

父亲要走的路不属于任何人。他只走自己的路。这一点父亲早已了然于胸。

秋场先生曾这样回忆父亲。

“三森先生很喜欢‘有人坐轿有人抬，还有人给轿夫做草鞋’这句话。社会上的人，虽身份境遇各异，但都在努力诠释自己的角色。

“三森先生自己义无反顾地扑在海外事业上，大户屋的员工们也都在各自平凡的岗位上兢兢业业。正因为如此，大户屋的海外事业才能在那么短的时间内就成功了。

“三森先生也给过我莫大的鼓励。

“我会说英语和泰语，也具备一定的专业知识。三森先生多次鼓励我活用自己的能力和知识为这个社会做更多的贡献。不要沉迷于现有技能和知识，要树立远大的志向，提升自己的思想觉悟，这比什么都重要。

“‘每个人的能力不同。无论何种能力，都需要不断去磨砺。必须用自己的能力去为社会服务，要往更好的方向使用自己的能力。否则，人很容易自暴自弃，渐渐变得一无是处。一个人必须清楚自己的使命。’

“我之所以能有今天，能被这么多人信赖并依赖，三森先生功不可没。若没有遇到三森先生，我恐怕到现在都只是个自我满足的技术白痴，一辈子游手好闲、碌碌无为。

“三森先生的这份恩情，我没齿难忘。

“与那些一味追求销售额或出人头地的经营者不同，三森先生用自己的双手为世人创造出了一个精神世界——‘大户屋道’。”

大户屋在泰国的成功，掀起了一股日本餐饮企业进军海外市场的热潮。

大户屋所宣扬的不是天妇罗、寿司、涮牛肉这些高级日式料理，而是普普通通的日本家庭料理。以“大户屋道”为媒介，远隔重洋的人们有幸品尝到日本家庭料理的美味，日本的饮食文化得到了进一步传播。从这一点来说，大户屋功不可没。

继泰国之后，大户屋开始转战中国台湾、上海、香港，越南、新加坡、印度尼西亚以及美国。

人和营业形态

2001 年股票上市之际，大户屋的店铺数达到了 66 家。2005 年进军泰国时，店铺数已经增加到了 150 家，为 2001 年的两倍之多。大户屋以每年约 20 家的速度有条不紊地扩张着。

然而，餐饮市场在 2000 年左右迎来了分水岭。

此前一直保持高速增长的餐饮市场，受人口减少、少子化、老龄化等影响，业绩开始走低，不少企业深受其害，大户屋也未能幸免。

父亲在接受 2007 年 12 月的杂志采访时，也表露过这种危机感。彼时，世界经济正要进入一个漫长的冬天。美国次贷危机已席卷全球，在接下来的一年，雷曼危机也爆发了。

“2008 年将是相当艰难的一年。由于中国等新兴国家大量囤积食材，鱼类等价格逐年走高。

“小时工的人工费也出现了上涨的趋势。虽说餐饮行业的劳务监管相对落后，但今年 4 月开始，小时工劳动法修正案也将施行，改善小时工的待遇，成了法律的硬性要求。

“不过，此前也经历过几次食材费、人工费上涨的情况，所以这一点我们倒不是特别担心。最大的问题是少子化。要如何应对人口减少这样的新问题，是每个经营者都必须经历的考验。”

父亲对日本国内市场的未来感到不安。人口减少不仅会影响来店的顾客数，还会造成劳动力减少。对于劳动集约型的餐饮行业来说，后果不堪设想。

大户屋的顾客中，除了年轻人，还有不少中老年人群。大户屋始终坚持现场烹制，在提高菜品质量、食品安全方面从来没有懈怠过。但为了获取更多中老年顾客群，大户屋必须在这些方面继续强化、深化才行。

父亲强烈地感受到了改革的必要性。从食材的采购方式、运输技术到店里的烹饪工艺等，一场大刀阔斧的改革势在必行。

记得当初我还在店里工作的那会儿，有一位年长的男顾客，每天都会来店里用餐。每一次他都会先点 2 杯啤酒，再要一份日式套餐。没过多久，我们就跟他熟络了起来。

“今天的味道也很棒啊！”

“谢谢！天气变化，您多注意身体呀。”

“好。谢了。那明天见。”

或许是始终坚守手工制作和高品质服务的缘故吧，大户屋有过不少这样温馨的用餐场面。不妨设想一下这位顾客的境遇吧。也许他夫人早亡，孩子大了不在身边，独自一人生活，平时连个说话的人也没有。

大户屋要照顾的不只是顾客的胃，还有顾客的那颗心。该如何去强化大户屋这个层面的存在价值呢？为此，父亲甚是苦恼了一番。

在餐饮行业，一旦既有营业形态的发展速度放缓，很多公司都会选择创建新的品牌去刺激新的发展。家庭餐厅 Skylark（云雀）就陆续推出了平价的“Gusto”、和风餐厅“蓝屋”、中华餐厅“Bamiyan”，积极打造了多个品牌。可父亲打一开始就决定要大户屋一条路走到底。

父亲生前留下过这样的话：

“要开创一种新的营业形态，并非易事。一个营业形态要成功，首先必须有一个能使它成功的人。有了这个人，营业形态才能成功。当然，也有人可以同时经营各种各样的营业形态，但我做不到。我根本不是这块料。因为我的想法很单纯。如果有一天，大户屋也出现了新的营业形态，那开创者一定另有其人，不会是我。”

大户屋这种事业模式，早已深深根植在了父亲的内心深处，成了父亲短暂的半生中不可切割的一部分。这或许就是父亲所说的“有了这个人，营业形态才能成功”的真正的含义吧。因此，在大户屋，除了海外事业，能算得上新事业的顶多只有外带便当（在店里销售装有大户屋料理的便当）的事业了。

但话又说回来，一个品牌若想指望“单腿走路”的打法获得持久的发展，又谈何容易？必须不间断地去打磨、雕琢品牌，方能维持长久的发展动力。当餐饮行业出现了少子化等严峻的环境变化时，父亲的焦躁可想而知。这份情绪也通过一些形式传递到了员工身上。我在前面提及的“OTOYA”店铺的说教就是一个例子。

父亲的脾气原本就暴躁。公司上市后，在危机感的促使下，严词厉色鼓舞员工的频率也增加了不少，结果招致了不少董事、员工的忌惮。

上市后，权力过度集中于父亲手中的状态仍旧持续了很长一段时间。大小事情，都必须父亲同意后才能推进。父亲做的决定，董事中也无人敢唱反调。渐渐地，对此感到不满的董事离开了，父亲身边只剩下了一些对他唯命是从的“好好先生”了。

超凡领袖和好好先生

完全以父亲为中心运作的大户屋，内部组织建设相对落后。

因此，大户屋在商品战略方面的能力相对薄弱。例如，每个季节的新商品要采用何种食材，店里要做怎样的宣传等，大户屋并不太擅长制定这种翔实的商品战略。

大户屋要卖什么，终归都是由父亲一人决定。父亲不点头，事情就无从推进，现场根本没有权力去自主地、灵活地推动项目。

2008 年时，市场企划管理部成立，专门负责海报制作、文案写作等工作。部门虽成立了，但决策依然是父亲“一言堂”。

当时，所有面向促销的活动父亲都会参加。但因为他本人海外出差很多，日程匹配起来可谓煞费苦心。公司里的董事们，一个个也毫不避讳，扬言道：“(三森) 社长不同意，我什么都做不了。”

据父亲的一个好友回忆，父亲一喝酒，就会抱怨董事几句，

“我们公司的那些董事，整天啥事都不干啊”。对餐饮市场萎缩深感不安的父亲，想要进一步将大户屋的经营理念深入到组织更深处，不断去刷新大户屋的事业模式。随着焦虑感加剧，父亲越发对那些无法跟自己保持一致步调的干部员工感到不满。

当然，站在董事们的立场，他们或许也会反驳——在这种大小事情全由父亲一人决定的组织里，人根本不会成长。关于这一点，我也深有同感。

听闻，公司的董事之所以频繁变更，也是因为父亲。父亲选派人才的标准并不客观，凭借的不过是个人的喜好。选董事，不看他是否做出了显著的业绩，也不看他是否是大家心中公认的有能力之人，只看他是否入自己的眼。所以，得父亲赏识的人就成了董事，能力让父亲怀疑的人，就会被拉下来。

松下幸之助曾说过，若能为下属的提案感到高兴，事业就离成功不远了。若下属绞尽脑汁拿出了一个方案，最终却只得了上司一顿呵斥——“这种方案，谁能做得到!”，那么这家公司即使活着也等同死了。“这个想法很好，但我们现在做不到。再想想其他的方案吧!”——只有这样的公司，才能不断地培育出新的想法。

父亲如此敬爱幸之助，自然知道他所提倡的这种思路。

无论是公司内部理念的统一，还是海外事业的开拓，父亲一直身先士卒，为了大户屋可谓鞠躬尽瘁。若非如此，大户屋或许会走向末路。但只要这种方式继续存在，大户屋就没法培养出真正的人才。

迄今为止，大户屋凭借着父亲个人的超凡领袖气质和对顾客的一片赤诚之心，取得了长足发展。但父亲自己也感觉到这种发展的极限了。大户屋已深深地陷入超凡领袖型经营的陷阱，不可自拔。

对于幸之助的教诲，父亲心里虽然清楚得跟明镜儿似的，却很难将其付诸实践。父亲多半也曾为此深深地苦恼过吧。或许父亲自始至终都是孤独的吧。

后来，大户屋的经营模式由“自上而下”开始向“自下而上”转变。

基于上面的背景，2012 年，父亲将社长的位子交给了窪田先生，让他全权管理大户屋的国内事业。父亲自己则尽可能不插手窪田社长的决策。

也就是在这个时候，我进入了大户屋。

三森家的人

大学毕业后，我在信托银行工作了两年。2013 年，我进入了大户屋。

原本，父亲并没有让我进大户屋的打算。因为父母的一厢情愿，就把根本没有领导才能的儿子放到社长的位子的事情，父亲绝对不会做。这种想法在 2001 年，也就是大户屋上市后，愈发强烈了。

“我不会把儿子弄进大户屋。他走自己的路就好。本来我做大户屋的目的也不是让儿子去继承的。”

很久之前，父亲就跟好友这么吐露过心声。

所以，父亲从没开口提过让我去大户屋的话。

至于我自己，也并没有想去大户屋工作的意愿。或许是小时候受过嘲笑的缘故吧。那个时候，身为满大街都能看到的大户屋社长的儿子，可不是一件多光彩的事儿。

然而，在看到父亲不远万里奔赴美国开拓市场的英勇雄姿后，我的心境发生了变化。

在大四的那个秋天，我和父亲一起去了美国。那是我们第一次单独出去旅行，却为着各自不同的目的。我把它当成学生时代的最后一场旅行，父亲此行却是为了视察市场，为进军美国做准备。

母亲的哥嫂在纽约生活，他们向父亲介绍了几家曼哈顿的人气日本菜餐厅。

那个时候，我们以一天四五家的速度转了不少店。记得最后一餐我们吃的是生姜煎猪肉。一波一波的纽约人像潮水一样涌进这家店，就为了吃上一口生姜煎猪肉。

实际尝了尝之后发现，无论是肉，还是搭配的意大利面沙拉，味道都极其普通。肉用的是里脊肉，切得很厚，几乎嚼不动。

吃过饭后，我和父亲起身出来，抽起了烟。

父亲静静地望着天空，轻轻地吐着烟雾，然后小声地嘟哝了一句。

“我们胜算很大啊。”

儿子夸父亲，多少有些难为情。但不得不说，那个时候的父亲浑身上下充满了魅力。彼时我已经拿到了银行的录用书，来年春天就会正式成为一名银行职员。斗志昂扬的我，却情不自禁地为父亲的魅力倾倒了，全身仿佛被电流击中了一般，竟产生了一股强烈的、想要跟父亲一起打天下的冲动。

为何我会在那个瞬间产生这样的冲动呢？其中的缘由我也说不清楚。或许是小时候母亲总带着我往父亲工作的地方跑的缘故吧。见多了父亲认真工作的样子，对他的敬佩之情自然而然就产生了。

我的银行工作生涯，只维持了两年就告一段落了。听到我想去大户屋，父亲显得很高兴。

当时，大户屋已有不少三森家的亲戚了。

其中，跟父亲关系最亲密的是三森智文。

智文伯父是父亲的长兄，此前一直在老家经营观光葡萄园。后来，葡萄观光热潮退去，游客锐减，伯父的葡萄园也关门大吉了。葡萄园的那块土地变成了大户屋的植物工厂和研修中心。起初，智文伯父只是帮忙管理这些业务，2012 年开始，他做过一段时间的董事。

智文伯父的长子智彦，也在大户屋工作过。现在，他在承包店铺维护业务的集团公司工作。顺便说一句，三森家有个传统，给长子取名字时，都会带一个“智”字。

除此之外，父亲堂兄弟的两个儿子也在大户屋，一个在集团公司，另一个在山梨做大户屋特许加盟店（FC 店）的老板。再者，母亲的弟弟也在大户屋客户服务中心工作。

事实上，窪田社长本身与父亲也是表兄弟的关系。

窪田社长大学毕业后，在大型超市 LIFE CORPORATION 工作了一段时间后，便和同事一起自立门户，开了一家蔬菜果品店。不料，中途他事业受挫，跑来找父亲商量。第二天，窪田社长就出现在大户屋了。那个时候是 1996 年，大户屋刚经历吉祥寺火灾，正打算开拓连锁经营之路。

窪田社长出生于埼玉县。在他还小的时候，一到暑假就会被送到山梨三森家。或许是他的父母是双职工，无暇照顾孩子的缘故吧。但父亲和他相差十多岁，加上父亲自高中起就去东京池袋的叔叔家做了养子，两个人倒也算不上玩伴，并没有在暑假一起玩耍过。

聚集了如此之多的亲戚，在世人眼中，大户屋或许就是一家典型的家族企业吧。但实际上，父亲丝毫没有因为对方是亲戚就对他另眼相待。跟对待其他所有董事、员工一样，亲戚做错了事，父亲也照样严词批评。

我想这些亲戚，其中也包括我，大概没有谁有过被父亲当面表扬的经历吧。父亲也从来没有在公司单独召集过三森家的人说些什么。我们就是普通的员工，只不过刚好姓三森而已。

那会不会因为是亲戚关系，就可以坐上董事的位子呢？当然不是。

智文伯父也只做了一期的董事就卸任了。至于窪田社长，也是因为父亲看到了他有在现场做店铺运营的能力，才委以重任的。

一般来说，餐饮行业的员工流动率比较高。大户屋自然也不例外。父亲又是一个理想极高、要求极严的老板，中途掉队的员工自然不少。

但那些亲戚员工，却不会轻易离开。况且我在前面也提到过，曾在山梨靠客栈生意开创过一片天地的三森家，又是深谙创业维艰，生意难做的。

所以，父亲是把亲戚们当作“可用之才”引进大户屋的。

进一步说，或许父亲一直深受孤独的折磨吧。

智彦来大户屋的事定下来时，父亲还特意请他吃了寿司。那家店，父亲常去，据说当时父亲高兴极了，还激动得流下了眼泪。

智彦进大户屋那年是 2004 年。公司刚上市 3 年，店铺数量开始激增。父亲当时面临着持续赢利和统一理念两大难题，压力很大。

那一年，智彦即将大学毕业，已经找好了其他的公司准备上班。即便如此，父亲还是盛情地向他抛出了橄榄枝。其中的缘由我大概也能猜出几分。伴随着大户屋的发展壮大，父亲在公司里越发成了一种孤高的存在，他极力需要一个可与之交心的人在身边。

继承人候选

随着事态的发展，继承人问题也逐渐浮出了水面。

我隐约地感觉到，父亲虽然并不赞成世袭，但若我本人愿意，他其实是希望由我来继承大户屋的。

当我还是高中生、大学生的时候，父亲就经常带我出入很多晚会、聚餐，去结识那些跟大户屋有生意往来的人物。或许是独生子的缘故吧，参加这种大人的聚会也并不会让我觉得痛苦。

于是，我认识了许多人，也跟各式各样的人交谈过。

父亲去世后，我去拜访过许多长期支持大户屋发展的外界人士，他们中除了少数几位是第一次见面，其他的都在从前有过数面之缘。

小时候，父亲几乎从来没有跟家人一起出去旅游过。上了大学之后，父亲竟开始邀请我一起去泰国、纽约。

父亲因为有工作在身，到了国外也几乎都“另有安排”。我当然也会去大户屋的店铺，自然而然就认识了许多像秋场先生那样的当地人。

因为工作繁忙，在家里说话的时间有限，父亲总是带着我一起奔赴工作前线。他想让儿子看看自己是怎么工作的，想让儿子在耳濡目染中了解他一路走来的轨迹。或许父亲就是想通过言传身教，把我培养成他的继承人吧。

创建大户屋并不是为了让儿子继承。但若儿子自己愿意来公司，那就把他当成继承人的候选人之一。父亲的本意或许如此吧。近年来，大户屋的商务模式开始进入过渡期，在这样一个时间点，他或许对我有所期待。

当然，打从我进公司后，父亲丝毫没有因为我是他儿子而给过我任何优待。

我还是老老实实地去到店里，一步一步从零开始。父亲甚至跟身边的人说过这样的话："希望我的儿子能体会一次身无分文的滋味。"在父亲看来，即便我身上具备了继承人的资质，没有吃过像样的苦头也会成为最大的问题。

进入公司后，我在总部的财务、经营企划等部门短暂历练了一段时间。这应该也是继承人教育的一环吧。可惜的是，我跟父亲一起工作的时光不过才短短两年。

就在我进入公司一年后，父亲的病就发作了。

趁着父亲身体安好，我进入了大户屋，进去不久后，父亲就病倒了。冥冥之中，命运之神似乎早有安排。

发病后，父亲将我推上了董事的位子。当时，我才 26 岁。

刚进公司不久的毛头小子只因为是创始人的儿子就坐上董事的位子——不少员工都会这么想吧。

当时，父亲被医生宣布“生命只剩下一个月”，大户屋的未来怎能让他不担心呢？

我的身上毕竟流着父亲的血，打从记事起，就一路见证大户屋的成长到今天。志向的重要性，“店铺因顾客存在”的理念父亲也一遍又一遍，不厌其烦地叮嘱了我。对于我来说，它们就像摇篮曲一样熟悉。

所以，父亲才会在死神来临之际，把那样的我推上董事的位子吧。身为他的儿子，我能理解他的心情。

与此同时，我也非常理解那些咬牙切齿的干部、员工的心情。他们无法接受一个不谙世事的毛头小子成为董事，也是正常的。所以，我在心里暗暗发誓，行为举止一定要谦逊，绝不可以傲慢。

可是，创始人离世带来的影响却是毁灭性的。不仅大大动摇了公司上下，也将我暗自许下的那份誓言拍打得支离破碎。

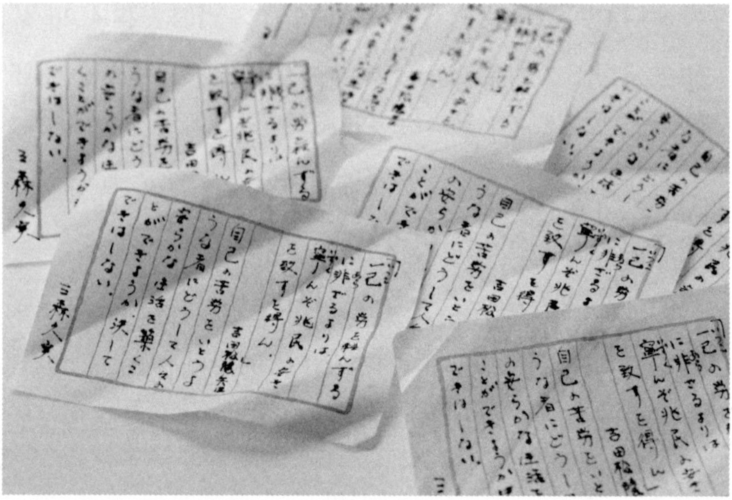

父亲曾钟爱吉田松阴。我从抽屉里找到的许多张写着同样内容的父亲的便笺。

父亲与皆木和义先生（右）的朝圣（幸之助）之旅。

父亲的部分藏书。父亲从幸之助身上学到了很多。

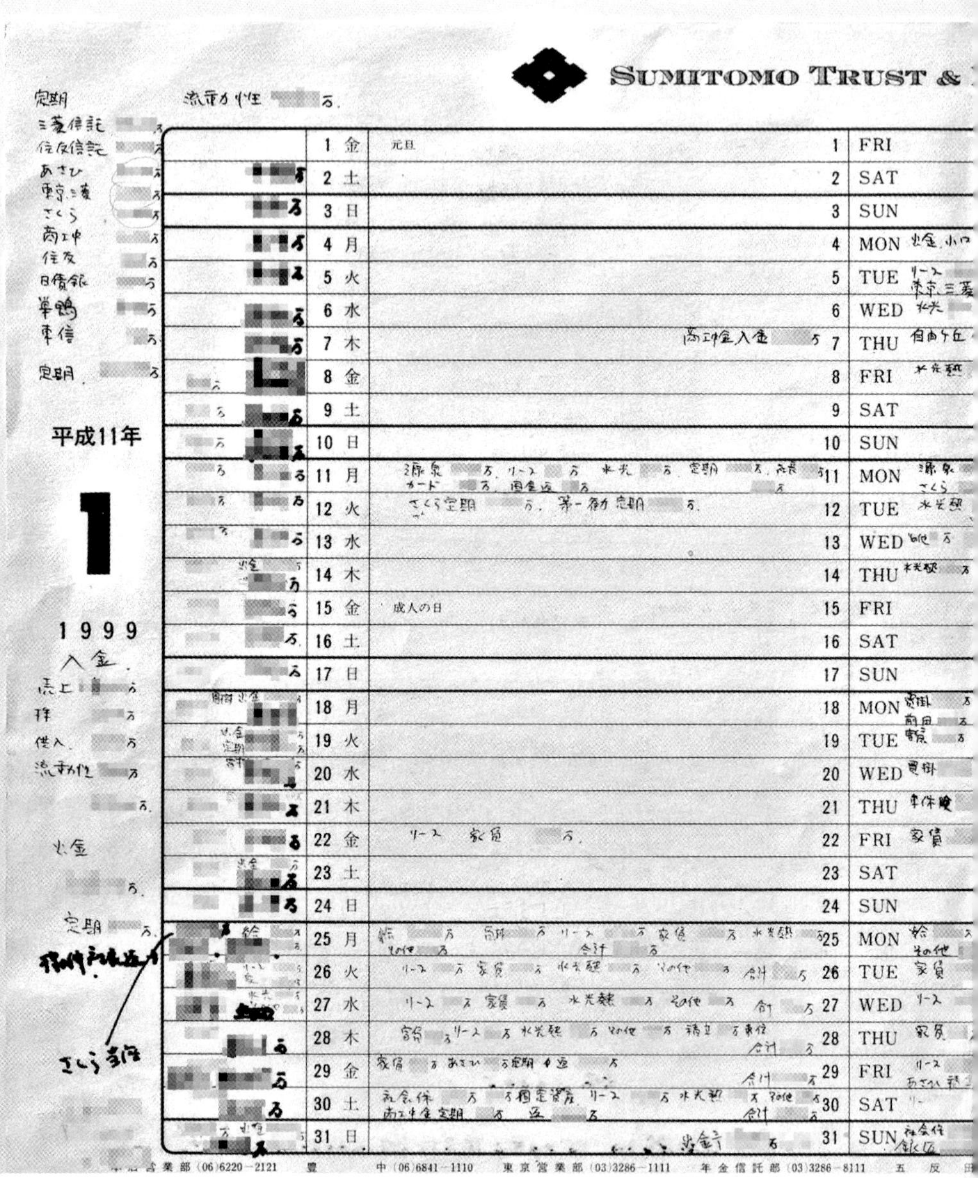

父亲在日历上记录每天的收支。当时他艰难地与资金周旋着。

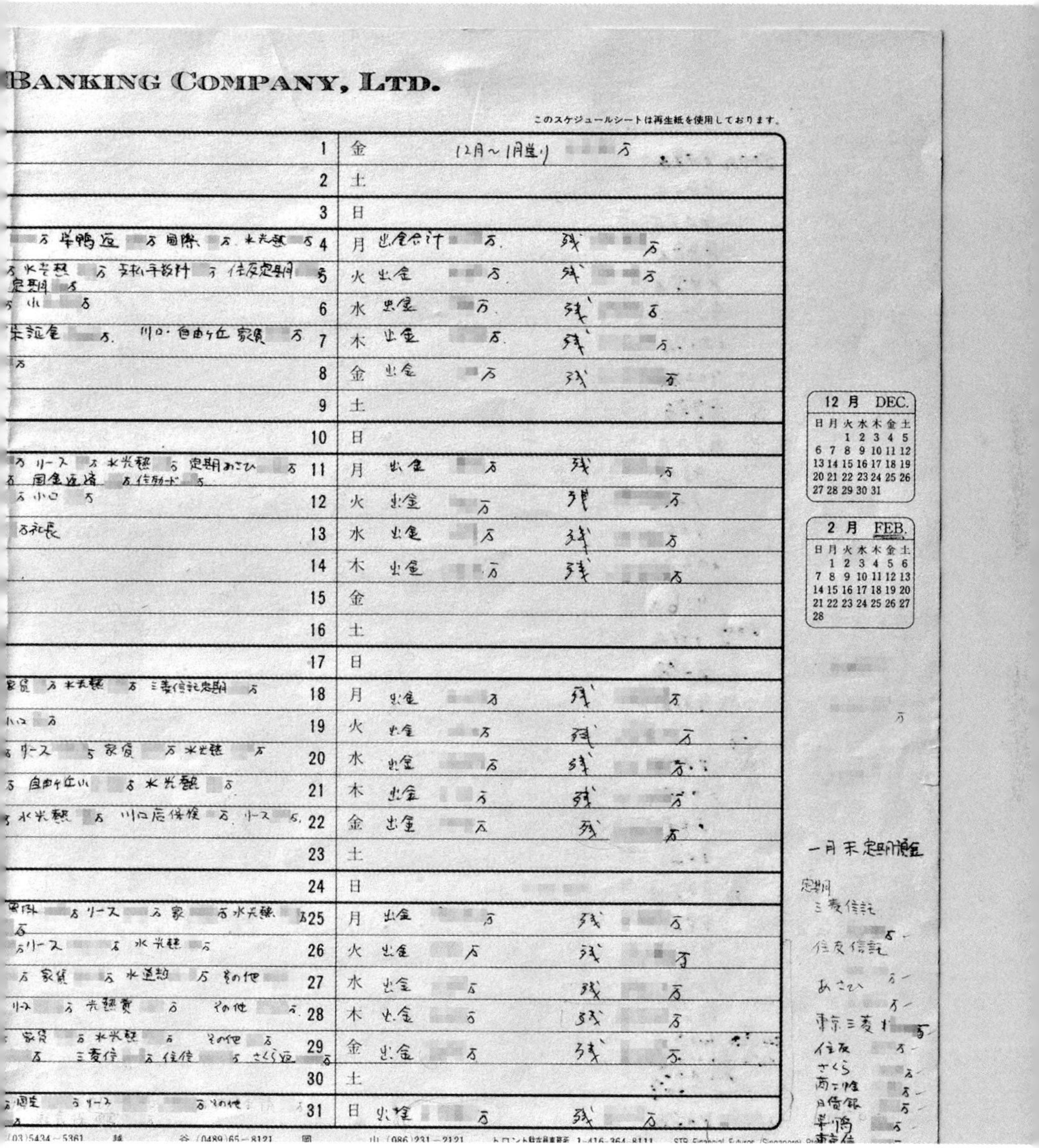

BANKING COMPANY, LTD.

このスケジュールシートは再生紙を使用しております。

1	金
2	土
3	日
4	月
5	火
6	水
7	木
8	金
9	土
10	日
11	月
12	火
13	水
14	木
15	金
16	土
17	日
18	月
19	火
20	水
21	木
22	金
23	土
24	日
25	月
26	火
27	水
28	木
29	金
30	土
31	日

12月 DEC.

日	月	火	水	木	金	土
		1	2	3	4	5
6	7	8	9	10	11	12
13	14	15	16	17	18	19
20	21	22	23	24	25	26
27	28	29	30	31		

2月 FEB.

日	月	火	水	木	金	土
	1	2	3	4	5	6
7	8	9	10	11	12	13
14	15	16	17	18	19	20
21	22	23	24	25	26	27
28						

第 4 章

内讧乍起

——毁掉成功的是公司还是儿子？

不信任的产生

对于接下来发生的这一切，究竟该不该记入本书中，说实话，直到现在我仍在犹豫。

父亲离世后，我们创始人家族与公司方开始出现了对立。随着时间的推移，对立局势愈演愈烈，各式各样的剧情一幕幕地在我的眼前轮番上演。

起初，我根本没有料到这场内讧会如此严重，更没想到它会演变成一场旷日持久战。

一场在任何公司都可能会发生的口角之争，竟扣动了大户屋内讧的扳机。随着时间的发酵，事态竟发展到了无法挽回的地步，甚至还引发了媒体的关注。

2016 年 8 月，在内讧已进入白热化阶段之际，企图息事宁人的公司方，宣布成立“大户屋合规性第三方委员会”。而我并没有配合委员会的调查。

“第三方彻查对立的原因之后就能找到和解之策，为什么不配合调查呢?” 我知道公司里有人会质疑我的态度。倘若协助委员会调查，就能察明真相，找到和解之策，那我自然愿意尽全力配合。

但这个由公司方原顾问律师团队组建的第三方委员会，真的能不偏不倚地去调查，去报告吗?对此，我深表怀疑。为了尽快收拾局面，只挑那些对公司方有利的内容，草草结案的事例比比皆是。这样的第三方委员会，又怎能让人不心生疑窦呢?

委员会的成员，都是一些与争执双方保持同等距离的中立人物吗?为确保其中立性，他们有做过任何调查吗?

在一切不清不楚的情况下，贸然协助，得出一份有瑕疵的报告，那么今后这份报告可能永远被人当成事实加以利用。

到底应不应该配合调查委员会?我一边寻求律师的建议，一边谨慎地做着各种考量。可是，他们等得不耐烦了，直接跳过我汇总出了一份报告，并将其公之于众了。

报告公开后，我一直担心的事情终于发生了。

公司方准备的那份第三方委员会报告中，大多数人都隐去了真实姓名，只有少数人是实名登场的。

一些人，身为公司方的董事，竟也化名出场。支援大户屋海外事业的秋场先生，却被实名报道了。

我曾问秋场先生，是否真的协助过委员会的调查。

秋场先生是这样回答的：

“我是从一个大户屋的员工那里听说的第三方委员会报告的消息。他告诉我报告已经在公司的主页上公开了。我事先并没有得到任何大户屋或者大户屋律师的联络。在读了我自己相关的一些内容后，我发现很多重要的地方，都与事实有很大出入。

“三森先生逝世之后，我也有继续跟大户屋保持业务关系，跟大户屋的董事等人也定期在泰国碰面。若他们想联系我协助第三方委员会调查，有大把的机会可以说。

“报告公开后，我从一位来泰国出差、负责海外事业的董事那里听说了一些信息。当时，还有一位常驻泰国的日本籍员工在场。

“那位董事说，‘报告的制作已经全权委托给了第三方委员会。即便曾经担任过海外董事，你需要做的也只是回答一些问题，其他都与你无关。还有，设立第三方委员会也好，制作报告也罢，都是公司的方针’。

“报告里的附言提到：虽然没有得到创始人家族的配合，但报告内容都是客观真实的。看到律师这样的措辞，那些不明情况的读者很有可能会误信报告的内容吧。公司方也好，接受公司方委托的律师也罢，在制作报告的时候，略去了许多理应做的步骤。这份号称公平公正的报告是有缺陷的，它不过是公司单方面的主张而已。”

对于这份报告中提到的我和母亲的部分，我其实也有很多想说的。起初，我打算通过本书，逐一对其中的不实之处予以纠正。渐渐地，我开始想：若我这样做了，父亲真的会高兴吗？

父亲曾反复强调“店铺因顾客存在”。

与他的这种精神最背道而驰的莫过于内讧了。人们一旦陷入捍卫自身利益的口水战，就只能看到自己的得失，眼里再没有顾客了。公司方的人也好，创始人家族的人也罢，或许当时都是那种状态吧。

这本书，是父亲的真实传记。创始人辞世后，被留下的这些人都怎么样了呢？我决定接下来只记录这个视角所需要的必要信息。

我和母亲从来都不认为大户屋的发展是父亲一个人的功劳。那是以窪田社长为代表的无数仁人志士一起努力的结果。正因为如此，我们才想要协助窪田社长，一起将失去了父亲的大户屋继续发扬光大。

然而，就在父亲死后不久，某次用餐时发生的一个小小的争执，就让我们跟窪田社长之间产生了嫌隙。这一点，在第三方委员会的报告中也有记录。

以此为契机，周围那些董事、干部也立刻动了起来。

有的人想借此机会把失去了“三森久实”这个后盾的我赶

出大户屋，有的人则佯装支持窪田社长，背地里谋求的是一己私利……

曾经集中于父亲一人之身的巨大权力被释放出来。它像幽灵一样漫无目的地游走在大户屋中，将大户屋上上下下搅动得天翻地覆。内讧爆发后，也有人因心灰意冷而选择离开了大户屋。

“负遗产”

就在这个时候，父亲留下了“负遗产”云云的话题，突然冒了出来。他们将父亲生前的那些亏损事业称为“负遗产”，这是我无论如何都不能接受和原谅的。

他们口中的“负遗产”，具体来说有以下几处：位于创始人老家山梨县的研修中心和植物工厂；作为大户屋活广告，主要用来做新商品试验和人才培养的山梨县笛吹川水果公园的店铺以及中国上海的事业。

所谓植物工厂，实际上就是在山梨市——父亲老家的那块土地上进行的无农药人工栽培事业。这一点，我在前面也提到过。2009 年，植物工厂开始向周边店铺供货。

诚然，由于栽培技术始终难以确立，植物工厂一直在困境中挣扎。

但作为第一批引入植物工厂的先锋企业（一提起植物工厂，很多人第一时间都会想到大户屋吧），大户屋确实投入了巨大的人力、物力。另一方面，在加速发展东南亚事业以及为日本国内市场提供更高品质的健康和安全方面，植物工厂这种机制本身也有可能成为强有力的武器。

2012 年，父亲主导成立了一家合资公司，并以此在上海开店，开启了大户屋的上海事业。遗憾的是，父亲跟中国的合伙人之间由于沟通和合同问题，摩擦不断。平心而论，上海事业，确实有必要尽快清算。

至于研修中心，在大户屋深受人才招聘和人才培养双重困扰之际，关闭研修中心，无异于放弃对培训的先行投资。水果公园亦是如此。水果公园位于父亲老家山梨，是大户屋的活广告，也被关闭了。其中的缘由实在让人费解。

父亲自始至终都没有迈出日式套餐店的事业圈子。上面提到的这些新事业，也都没有超出套餐店的范围。

在进军泰国之际，父亲曾给自己设下了 5000 万日元的投资上限。但这些事业的投资金额远远超过了 5000 万。对于有必胜信念和巨大可能性的事业，父亲并没有拘泥于所谓的 5000 万的上限。

到底是毫无前途的亏损事业，还是面向未来的投资布局？

其中的甄别本不容易，我也不想对公司方的判断说长道短。只是，他们未免操之过急。在公司并未出现财务困难等特殊状况下，父亲尸骨未寒，他们就用“负遗产”这样的字眼，迫不及待地开始了大清算。

或许父亲活着的时候，他们有所顾忌不便动手吧。董事们态度的一百八十度大转变，在我看来，就是对父亲功绩的一种否定。在这样一种体制下，大户屋又将何去何从呢？一种强烈的危机感席卷而来。

失去了超凡领袖这块镇店之石，对大户屋而言究竟意味着什么呢？透过这个问题，便可见一斑了。

除了讨论“负遗产”，公司方还采取了许多其他行动。相关人员为了达到各自的目的，制造了各式各样的事件，桩桩件件都与我有关。我成了众矢之的。但我并不打算在这本书里，逐一向各位诉说我的遭遇。

若要挑一件具有代表性的来说一说的话，那应该就是2015年11月6日临时董事会那天发生的事情了吧。就在那一天，公司把我从常务的位子上赶了下来。

外界虽然传言这是一次“降职”，但窪田社长宣称“目前公司正在讨论重建经营体制，这么做是为了加快决策速度，构建扁平化组织”。若真是如此也无妨，至少应该事先商量吧。可我从头到尾并未得到过任何人的联络。

召开临时董事会的目的，原本是对第2季度的决算进行表决。

然而，就在会议召开前，当时的专务和我一起被叫到了社长室。降职的通知就是那个时候下达的。那位专务就是曾与父亲一起负责上海事业的董事。

董事会决议时，我作为当事人被要求离场，由不得我半分说道。

从那天起，我跟窪田社长的关系进一步恶化了。即使在公司里碰到了，他也不会主动开口，甚至还会故意躲开我的视线。这种状况持续了好几个月。

渐渐地，我在公司里开始被孤立。员工们在看到窪田社长对我的态度后，也都开始跟我保持距离，见到我像见到了瘟神似的，避之唯恐不及。

在董事全体出席的经营会议上，负遗产成了每次的必谈话题。即便我一人提出反对也无济于事，其结果都是少数服从多数。

创始人酬劳金的支付也渐渐偏离了父亲生前与公司定下的“轨道”，朝着完全不同的方向发展。我曾尝试去联系某位监事，希望他能在我和公司方之间做协调工作，却发现对方因事先收到了“希望不要跟创始人家族的人接触”的警告，无法与我见面。我的心理承受能力已接近极限。

提交辞呈

2016年新年伊始，我便在2月24日的董事会上正式提交了辞呈。

我在大会上的发言内容，主要如下：

“请允许我借这个场合，跟在座的各位简单说几句。

“在去年（2015年）6月25日的定期股东大会上，我被选为董事，作为常务董事兼海外事业总部长，负责公司成长战略根基所在的海外事业。就在我打算为公司鞠躬尽瘁之际，去年11月6日的董事会又解除了我的董事之职。

“已故创始人曾立下远大志向，要把大户屋打造成世界品牌。我被选为常务董事兼海外事业总部长，是符合这一强大意志的。也是为了拯救业绩已经开始下滑的泰国事业。同时是在为即将开始的在波士顿等新事业做准备。

“我被解除职务后，那些刺激海外事业发展的补救措施，以及拓展海外新事业的活动等，完全陷入了停滞状态。

“不仅如此，连创始人准备的离职慰劳金（以生命保险金为本金）的支付也遭到了阻挠。这笔钱，原本要通过召开临时股东大会表决支付的，可现在，大会被无端取消。董事会的做事风格前后不一，未免太缺乏一贯性。

“公司的业绩也是。乍一看目前确实在增收增益，但来店顾客数量已经逐渐减少。采取对策已刻不容缓，但公司方没有提示任何的蓝图和方向。

“就在我被选为董事后的一个月，公司就发生了一件大事，就是创始人的辞世。

“本来，越是这种时候，公司上下越应该团结一致，谨遵创始人定下的理念和战略，全力解决公司所面临的各种问题。可是，创始人离开才不过数月，一些人就开始玩弄人事，大肆宣扬负遗产云云，甚至还打出了东证上市之类的空洞目标，哗众取宠。经营负责人不再努力去巩固最重要的经营之本，董事会对于误入歧途的经营者也不加以纠正，这样的公司，实在让人疑窦丛生。

“在我还小的时候，大户屋只有池袋总店、高田马场、吉祥寺3家店。吉祥寺被大火烧毁、重新装修开业时，我和创始人，还有我的母亲曾一起在大街上派发纸巾和传单。

“通过一次又一次这样的活动，我从创始人身上学会了餐饮业到底为何物。

“于是，我将那位创始人的远大志向注入到了自己的灵魂之中。为了实现它，我选择加入了大户屋。

“可是，现在的大户屋已完全偏离了创始人的志向，不再是我所熟悉和憧憬的那个大户屋了。

“已经到了我该离开的时候了。所以，在此，请允许我辞去董事一职并接受我的辞呈。

“感谢各位听我说了这么多。”

在提交辞呈前，我曾向不少人提及想辞职的意思，他们都不约而同地想要劝阻我放弃这个念头。

但我实在控制不住我自己。

与一般员工的家庭不同，在创始人的家庭里，工作和家庭的界限十分模糊。新店开业时，我和母亲会奔赴现场帮忙，在家里聊的也都是工作的话题。以父亲为媒介，我见证了大户屋的成长、发展，我对大户屋有着特殊的情感。

这份情感很难用语言来形容，它就像是我的一个家人。

从大户屋辞职对于我来说，好比身体的一部分被掏空了。它绝不是一时的冲动之举，而是我百般苦恼之后的决定。这么多年，我一直在父亲的身边，看着他筚路蓝缕，看着他为了大户屋不惜以生命为代价。这样的我，又该如何去承受现在大户屋的种种变故呢？这些对我来说未免太沉重了。同时，我也开始为大户屋的未来感到深深的担忧。

当时，大户屋的销售额虽然仍在攀升，但顾客数量已经出现了减少的趋势。网络上对于店铺的消极评论也渐渐惹人注目。“味道比以前差多了”“好贵”“上菜速度好慢”……面对顾客如此种种指责，经营层本应尽快采取相应的战略、对策，可他们被权力迷失了心智，处心积虑玩弄政治。

更让人心痛的是，就在我离开公司后不久，公司方还贸然地、单方面与那些跟父亲交情深厚的顾问解除了劳动合同，断绝了他们与公司的联系。有的人，甚至在我辞职几天后就被解除了合同。

他们每一位都是与父亲志同道合的战友，以各种各样的形式协助父亲创建了大户屋的根基。我作为父亲的儿子，时至今日依然与他们保持着联系，对于他们我仍旧心怀歉意，也想借此机会，真挚地跟他们致歉。

父亲是个博爱之人。

有人说，“组织即人”，说的就是人的力量。是人创造了组织，也是人开创了事业。回顾父亲的一生，正是对这句话的真实写照。

大学毕业后，我曾在三菱 UFJ 信托银行做过营业。因为是金融机构，自己又是个新人，当时一直奉行“谨言慎行”为美德，这份坚持也直接带来了工作业绩。进入大户屋后，我依然保持着同样的认识并努力践行着。

父亲死后，我的谨言慎行却适得其反了。身为创始人之子，若为了平衡各方立场而保持沉默，只会被人当成“不会说不”的软柿子，如此一来只能助长那些人的嚣张气焰，让他们越发口无遮拦，为所欲为。

“年纪轻轻就有了这么大笔钱，普通的工薪阶层根本无法企及。不如趁早卖了股票，从大户屋收手，让一切都圆满结束”——听到父亲曾看重的中坚干部员工如是说，我简直不敢相信自己的耳朵。

大户屋到底有几个人真正继承了父亲的志向，又有几个人真正理解了父亲的经营理念呢？从父亲死后的经营体制和方针来看，父亲和我所设想的那个大户屋的未来根本不可能到来。

“组织即人”，正是基于这一点考虑，我才选择了离开大户屋。

大户屋经营模式改革

既然说了要“按照创始人定下的理念和战略去解决问题”，我原本也想在董事会上对具体的计划进行阐述。只可惜，公司的情况瞬息万变，我实在没有心思和时间去做这件事。

那个时候没能说出口的话，我将在这里进行阐述。

20 世纪 90 年代，大户屋开始了连锁经营。到了 21 世纪，大户屋成功上市，一鼓作气在国内外铺开了店铺网。如今，大户屋的竞争力已逐步丧失，早已无法与过去相匹敌了。

与其他日式套餐连锁店及便利店的竞争激烈也是原因之一，但根本问题还在大户屋的内部。一个是事业模式，另一个是人才。

大户屋的菜品数量十分丰富，其中套餐约为 30 种，加上小食和点心，达 50 种有余。为确保所有菜品从采购到手工制作的所有工序顺利进行，需要配备相当大的空间，包括准备区、烧烤区、煎炸区等。

厨房的空间大，就意味着租金等固定支出也会相应上涨。其结果，若不能确保一定量的客席及上客率，就会亏损。现在的大户屋在选址时，原则上要求店铺面积在 50 坪以上。但在车站附近或是闹市，50 坪以上的房源本就有限。

开设新店的费用平均为 6000 万—8000 万日元。这个价位对于特许加盟店（FC）的经营者来说，门槛过高。纵观整个餐饮行业，大户屋的特许加盟店（FC）模式已然属于高位了。

若大户屋的集客能力还似从前那般超群出众，倒也能确保足够的利润。事实上，那个时候，想要成为大户屋特许加盟店（FC）的经营者络绎不绝。然而，今非昔比，大户屋早已没了往日的集客能力。

酒精占比低的日式套餐店，人均消费很难提升。于是，许多店被迫引入高价位的菜品。此举一出，往往适得其反，来店的顾客越发少了。

我们需要更加灵活的应对之策。

不妨大胆尝试削减菜品的数量。例如，可将销量靠后的半数菜品砍掉，只聚焦销量靠前的半数菜品。如此一来，即便厨房里的煎炸区、烧烤区等区域保持不变，员工操作起来也会更加轻松。准备的时间会减少，烹饪作业会加速，食材的浪费也能得到有效控制。同样的顾客数，可以带来更高的利润，投资回收期也会大大缩短。

此外，大户屋并没有设置午餐菜单。白天晚上都是一样的全套菜单。大户屋做的是日式套餐，本来就不分白天晚上——一直以来我们陷入了这样的认知误区，实际上，每到午餐时段，顾客就会集中来店，厨房和大堂会忙作一团。

因此，我们可以开发午餐专用的菜单，或者在午餐时段特别推出人气菜品等。

某家加盟店就将炸猪排、炸鸡块等七八个菜品选为“午餐推荐菜单”，将其插入一般菜单，一起摆放在餐桌上供顾客选用。如此一来，顾客更容易关注到午餐菜单，选择下单的人也渐渐多了起来。

大户屋的所有商品都是顾客下单之后才开始制作的。若能预料到午餐菜单的下单人数较多，就可以提前多进货，在提升效率的同时，让制作过程更加顺畅。如此一来，上菜速度便能得到明显的提升。

事实上，在那家加盟店引入午餐菜单后，不仅上菜速度得到了极大的提升，座位周转率也明显增加了。对于顾客而言，能快速上菜自然求之不得。

我个人认为这样的尝试很有意思，应该大力推广。但大户屋对此似乎兴趣不大，并未有什么动作。或许是因为太习惯于一直以来的做法，以至于错把它们当成成功的法宝了吧，那些引入午餐菜单的加盟店至今仍在独自继续着这种尝试。

此外，还有一种听上去有些极端的措施，那就是直接砍掉特定种类的菜单。若能取消煎炸类菜单，那么煎锅这类的烹饪器具也可取消。若不再供应锅类菜品，那么可相应地减少炉灶的数量。如此一来，厨房空间可进一步缩小。

煎炸类菜单中有不少人气菜品，例如炸鸡块等。此外，女性顾客可以一人食用的小锅菜品也是大户屋冬季菜单中不可或缺的一道菜。

然而，若一味设限，只会束手束脚，好的想法很难涌现。

为了取悦顾客，我们应该作何改变？需时时不忘这个初心，并不断去尝试，这才是重中之重。一旦出现了安于现状、不思进取的苗头，顾客瞬间就能感受得到。

菜单一旦缩减，新店开设的标准也会随之下降。30 坪以下的店面将成为可能。

于是，就形成了 A（30 坪以下，初期投资 3000 万日元）、B（30—50 坪，初期投资 5000 万日元）、C（50 坪以上，初期投资 5000 万日元以上）三种方案，选择余地大大增加。

以前，一位知名餐饮连锁店创始人这样对我说过："大户屋作为提供家常餐的店铺，已经成功地打造出了自己的品牌。将来哪里有车站，哪里就会有大户屋。"

只是，若要在车站里面设店，就必须开创出一种全新的小型店铺。届时，削减菜单上的菜品也是不可避免的。

大户屋的破坏者

也可以去探讨中央厨房的必要性。若能引进中央厨房，各店铺的厨房空间能大幅削减，现场的负担将大大减轻。

大户屋在实现连锁经营后，依然执着于现场烹制，始终未引入中央厨房。正如我在前文多次提及的那样，这一点甚至可以算作大户屋成功的要因之一。

但时代一直在变化。

加工食品的制造技术、保鲜物流技术等日新月异。现如今，即使不现场烹制，也能提供与手工制作别无二致的营养，安全、美味。

父亲生前也说过："或许有一天，我们也会需要中央厨房。"

父亲居然会考虑引入中央厨房。或许不少人都会对此感到诧异吧。但父亲自己清楚地知道，他亲手创立的大户屋的经营模式并不完美，需要跟随时代的变化而变化才能活下去。

店铺因顾客而存在。只要能更快地为顾客提供更实惠、更美味的菜肴，就应该大胆地对大户屋进行改革。我依稀记得，曾几何时，父亲还说过让我去做大户屋的“破坏者”，去打破大户屋既有模式的话。

回想起来，父亲从荣一爷爷那里接手大户屋之后，也经历了无数挑战。

正如我在前文所述，父亲在50日元食堂那个年代，就让员工穿上了带蝴蝶领结的时髦工作服，还别具一格地引入了凉拌海苔的“存管服务”。他还新开发了牛排菜单，惹得不少顾客震惊不已。为了取悦顾客，父亲绞尽脑汁，不拘泥于从前的经验，果敢地进行了各式各样的尝试。

当然，我并不是说一定要引进中央厨房。我想说的是，不妨先迈出一步，在一遍又一遍的试错过程中，一边结合顾客反馈的意见，一边不断去改进。

若现场烹制的菜品跟中央厨房的出品在“味道”“营养价值”“安心·安全”等维度上都得到了顾客同样的评价，那么我认为还是引入中央厨房为好。引入后，成本和人工费得以削减，削减的部分又可以通过价格、品质、菜量等形式返还给顾客。在此，请允许我赘述一下，最重要的是要谨记一点——“店铺因顾客而存在”。

大户屋发展壮大后，父亲仍然步履不停地忙着进军海外市场、建造植物工厂等，进取精神丝毫不曾减少。吉祥寺的发展理念——让女性顾客一个人也能安心进店——说白了也就是一次尝试罢了。

毫无疑问，父亲是个名副其实的改革家。

后来，改革家变成了成功人士。公司一旦稳定，往往就会变成一个害怕失败的组织。尤其是在超凡领袖身边培养出来的干部们，保守倾向严重。他们严守先前的成功模式，将其奉为绝对的权威，在公司君临天下，千方百计去阻挠改革风气的蔓延。不仅是大户屋，或许所有公司都有这样的通病吧。

挑战与失败同在。不去追求数字逻辑，只考虑如何去博得顾客会心一笑。新的尝试先在直营店试点，成功在望之后再横向导入特许加盟店（FC）。要进行这样的改革需要勇气。但是，改革势在必行，不容退缩。

我向董事会递交辞呈时，公司内部到处弥漫的都是政治斗争的硝烟。大户屋的经营者们正忙不迭地对创始人的过往种种进行大清算，根本无心去重建大户屋的经营模式。

继承了父亲遗志的我，反而更容易踏上改革之路。正因为我是创始人的儿子，我才能更好地化身为“破坏者”，去打破大户屋既有的经营模式。

严峻的人手不足

事业模式改革的同时，还有一个紧迫的课题——人才的招聘和培训。

在这里，我先向各位介绍下大户屋的勤务机制。不同的店铺，情况多少有些差异，以下仅以我曾经负责的店铺为例进行说明。

早上 8 点　厨房就位（厨房员工 3 名）

早上 9 点半　大堂就位（大堂员工 3 名）

上午 11 点　开门（厨房员工 3 名，大堂员工 3 名）

中午 12 点　午餐高峰开始

下午 2 点　顾客数量较少的空闲期　厨房 1—2 人，大堂 1—2 人

下午 5 点　为晚上营业做准备　再次按照厨房员工 3 名，大堂员工 3 名配备

晚上 11 点　关门

晚上 11 点半—12 点过后　结束收拾、打扫，店主最后离店

奉行现场烹制的大户屋，一般都是采购大块肉，再到店里切割。我所负责的店铺，月交易额 700 万日元左右，平均每天要用掉一大块猪肉。月交易额达到 1000 万日元的店铺，则要用掉两大块。切割猪肉可不是轻松的活儿。里脊肉就用来做炸猪排，其他部位用来做生姜煎猪肉等。

大户屋对于蔬菜（搭配套餐用的卷心菜等）的需求量也十分庞大。所以，一大早就得开始切菜。开店后也会继续，直到下午 2 点左右才能将一天所需的蔬菜全部切完。各个店铺都会聘用一些刀工很好的临时工，他们有个专门的称呼“切菜师傅”。

作为店主，我除了负责现场的勤务管理，也会协助做些其他的工作，例如切肉、烹饪或是在大堂接待顾客等。未习惯之前，许多事情常不能按时完成，拖拖拉拉到凌晨一两点才回家，是家常便饭。

若放在从前，即便如此，大户屋也能勉强维持运转。

尤其当大户屋上市后，许多应聘人员蜂拥而至，其中也不乏许多对大户屋的经营理念（追求手工制作的味道）颇有共鸣的“志同道合”之士。然而，今时早已不同往日。现如今，整个产业都面临着严重的人手不足，劳动方式改革的呼声很高，

短缩劳动时间已成了当务之急。工作稍一过量，员工就会辞职。

我进入大户屋那一年是 2013 年。那个时候，跟我一起进公司的高中毕业、专门学校毕业、大学毕业的同期大约有 40 人。其中，三分之二以上的人，不到一年就离开了公司。一直留到今天，即在大户屋工作满 4 年的人，寥寥无几，一只手都能数得过来。

新员工入职后，会在山梨的研修中心进行为期一个月的研修。在那里，他们会进行烹饪实习，学习基本的技术。烹饪考试合格后，再被分配到各个店铺。从店里的员工做起，以店主为目标，一步一步往上走。

新入职的员工，在烹饪考试前都不会萌生要走的念头，但一到店里，一天到晚被工作裹挟之后，便渐渐生出了怀疑。

当时，一起工作的同事都不约而同地以这样的理由离开了公司。

“都成了上市公司，工作还这么累，也看不到什么职业规划。”

“跟那些做事务、营业的同学相比，这里的工作太不自由了。”

有了第一个，就有第二个，陆陆续续地许多人都辞职了。

在大户屋，一般由店主负责对新人进行培训。其中也不乏十分严厉的店主。我的一位同事，就因为不喜欢店主而辞职了。

另外，若在店铺工作一段时间后有机会调到总部工作，或许能吸引不少人留下来。毕竟在总部工作，比较容易得到更好的发展。但本土员工鲜有这样的机会。在本部工作的员工，尤其是四五十岁的管理人员，基本都是从其他餐饮公司跳槽来的人。本土员工成为店主并积累了一定的业绩后，一般会被晋升为某个地区的负责人。但到这里就是天花板了，在大户屋很难再往上走了。

当然，也可以选择自立门户，大户屋有这样的制度。但初期投资需要 6000 万日元，许多员工也只能望而却步。即便直接买下既有的直营店，也需要相当一笔资金。因此，我们必须为那些在现场工作的员工打造一个更加有吸引力的职场环境——让他们在这里可以安心地、怀揣梦想而工作。

MITSUMORI 的再活用

我认为，MITSUMORI 的再活用，就是一个解决人手不足的好方法。

2005 年，大户屋在泰国开设了新店。2011 年，大户屋又将直营店卖给了当地的 Center Restaurant Group，转而投入了特许加盟店（FC）事业。当时，唯一留下的只有 MITSUMORI。

MITSUMORI 亏损严重，前途堪忧，Center Restaurant Group 便将其排除在了收购对象之外。于是，父亲便借助那些长期驻泰国的日本人的力量，一举将 MITSUMORI 扭亏为盈了。后来，父亲便将 MITSUMORI 作为日本籍员工的“海外研修所兼商品开发据点”，主要面向纽约店等海外店铺。只可惜，现在这个功能早已不存在了。

父亲以 MITSUMORI 为媒介，成功地向泰国籍员工灌输了“和食之心”。他们当中的不少人都殷切地盼望着有朝一日能去日本工作。

那有没有可能让他们来日本工作呢？

在日本餐饮行业中，大户屋属于相当早的一批拓展泰国市场的企业，其品牌早已深入人心。所以，我认为完全有可能。

或许有人会认为日式套餐店与外籍员工似乎有些格格不入，但这种固有印象早晚会消失。最近，许多个体经营的和食店，也开始雇用外籍员工，生意一片兴隆。

在大户屋打工的留学生中，也有人凭借着在大户屋积攒的经验，回国后开起了日本料理店。雇用外籍员工甚至还能促进和食文化在世界的传播。

倘若 MITSUMORI 还能像从前一样发挥作用，那么大户屋的海外事业将更加如火如荼吧。如今，大户屋的海外店铺有 100 家左右，其中 90 家位于亚洲地区。保守估计，大户屋在全球至少可以开拓 300 家店。

在海外打造店铺时，也应因地制宜，即应根据当地消费者的实际需要，灵活打造店铺。同样在曼谷，有的店“马到成功”了，有的店却“命途多舛”。

不同的店址间存在着微妙的需求差异，远在日本是很难感知这样的差异的，需亲赴现场的 MITSUMORI 实地学习后，再结合每个地方的实际情况，对菜单的构成及定价等进行灵活调整。

父亲还活着的时候，每个月有一半的时间都待在海外，在当地迅速地下达各种指示。决策的速度，也是现在的大户屋所欠缺的。若能再度活用 MITSUMORI 这类海外“黄埔军校”，将其培育出的精兵良将派遣到全国各地，并赋予他们对于当地的管辖权，应该会比现在的总部制经营更加顺畅吧。

重要的是，要迅速适应当地多样化的文化和需求。若一味害怕失败，只能止步不前，一切都无从谈起。

2015 年，父亲去世前夕，还在新年贺卡上这样记录过自己开拓海外事业时的心境。

“（前略）松下幸之助曾在自己的著作中提到，21 世纪亚洲将会成为世界繁荣的中心。受他这句话以及我在真真庵看到的光景的启发，我有了一个新的想法。

“日本的制造企业从欧美学了技术后，又将日本独有的工匠之技融入其中，最终缔造出了让世界为之称赞的品牌。

“既然如此，餐饮产业也可以创造同样的辉煌。在欧美的饮食体系中，融入汤汁和发酵技术等日本的工匠之技，日本的餐饮产业必定也能缔造出世界品牌。直觉告诉我，值得一试。

“大户屋所提供的日式传统家庭料理，除了注重美味和健康，还有一点不容忽视，那就是无微不至的服务精神。即使是在顾客看不到的地方，我们也会不遗余力地贯彻这种精神。它同工匠之技一样，是我们花费了大量的时间和精力才孕育出来的。也可以称之为日本民众智慧的结晶。

“我想把这种结合了日本匠心之技和服务之心的家庭料理原汁原味地传递给全世界的顾客。正是出于这样的想法，我才会一遍又一遍地去试错，不厌其烦地对味道、品质、烹饪方法、食材采购等精益求精。

“如今，大户屋在海外已经拥有 86 家店（注：当时的店铺数量），每一家店的味道和品质都跟日本的一模一样。

“今后，在谨记松下先生教诲的同时，我要把日本如此优秀的家庭料理，带给全世界的顾客，以期为他们的身心健康略尽绵薄之力。

“株式会社大户屋 HOLDINGS　董事长兼会长　三森久实”

父亲将晚年的大部分时间都花在了海外事业上。父亲若在天有灵，应该希望看到我们能继承他的遗志，同时开展全球化的人才战略吧。

创始人精神何去何从

在激烈的竞争和严峻的人手不足的环境下，大户屋仿佛逆水行舟，不进则退。若只是一味维持现状、按部就班，等待它的只有死路一条。必须及早地开始新的尝试。可是，父亲死后，大户屋的经营几乎陷入了停滞状态。

父亲给我们留下的是一个“安心、安全、美味”的大户屋。这绝不是我的自吹自擂，而是世人对大户屋的真实印象。

这种品牌力可不是一朝一夕、一两年就能建立起来的。它是父亲花了 35 年的时间，凭借对事业近乎愚直的执着才最终创造出来的，是顾客对大户屋评价的结晶。

为了守护这种品牌力，最重要的就是要回归初心。父亲当初是怀着怎样的信念开始事业的？他又是怎样一步一步将大户屋发展壮大的？所有一切都应该回归到起点——创业精神。

创始人家族跟公司方之间的对立，并非大户屋独有的现象，在许多公司都会发生。但每一家公司都有自己的苦衷，不能一概而论。

但作为身处旋涡之中的一员，我认为一切问题的根源就在于对创业精神的轻视。

一说起创业理念和创始人精神，有的人或许会觉得它们不过是个抽象的哲学概念，根本无处着手，无从抓起。但对于我们创始人家族来说，它们不仅有实体，其质感更是跃然纸上。它们不是那种被人们束之高阁，放进神龛顶礼膜拜的虚无存在，而是活生生的经营，活生生的组织，我们甚至可以清晰地感受到它们鼓动的脉搏，它们分明就在扑通扑通地跳动着。哪怕创始人的肉体已不复存在，但他的精神将永远留在公司，作为生命体无限延续下去。

父亲就是为了志向而活的。

领导气势太强大的父亲，有时也难免曲高和寡。太急切地想要把志向传递给员工，以至于对待董事和员工的态度略显苛刻，结果反而未能很好地培养出人才。若有人因为父亲的不当言行而受伤，在这里我代父亲向他致歉。但这都是因为父亲的志向太过崇高，希望各位能给予谅解。

任何一家公司，都是从创始人的志向开始的。

创始人将自己的志向分享给员工、公司外部的股东。一些对创始人的志向产生共鸣的人成了顾客，公司因此壮大起来。而战略和战术，则是志向的外在装饰。

经营一困难，一些经营者便会迫不及待地去制定一些战略、战术以期缓解燃眉之急。另一些经营者则会重新审视创业理念，回归初心。所面临的困境越是严峻，就越需要采取后者那样的应对之策，否则很难有所突破。大户屋就是这种情况。

一家食堂能得到如此之多的顾客的青睐和支持，它的经营者又是怀着怎样的志向呢？

“从池袋一家食堂起步，将安心和安全视为对顾客永远的承诺，以低廉的价格提供美味的料理——我们要把这份心意和精神带给全世界的人们。”

大户屋若想继续以大户屋的形式存在，就必须回到初心，回到父亲的夙愿。

我大言不惭地写了许多话。

这一切都源于父亲那句最后的嘱托——“智仁，你听好了，一定想办法把大户屋做大！”这句话久久回荡在我耳边，一直鞭策我到了今天。

回过头看，往事历历在目。在经历了所有的风雨之后，我仿佛捕捉到了父亲的那句嘱托背后的深意——“为了把大户屋做大，智仁你必须成长为一个精神上独立的人”。

未来充满了未知。我是否会就此断绝跟大户屋的缘分？又或者将来有一天我还会再回到大户屋？我并不清楚我的立场今后会如何变化。但即便我真的成了大户屋的“局外人”，我也真诚地希望继承着父亲志向的大户屋能够继续发扬光大。

父亲一生，为了日式套餐店呕心沥血，最后还付出了生命的代价。他崇高的志向如星辰般璀璨，点亮了他在世间度过的每一天。诸位读者在读罢此书后，若能偶尔记起曾有那么一位名唤三森久实的男人来过这个世界，我就心满意足了。

最后，对于这次内讧给社会造成的不良影响，我在此向各位致以最诚挚的歉意。

父亲生前常常坐在这把椅子上抽烟。

父亲的爱犬拉鲁夫。父亲常带着它去公园散步。

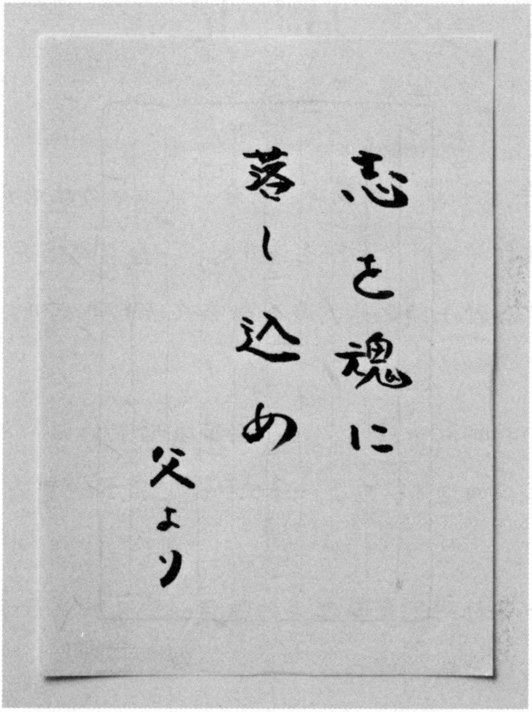

父亲送给我的书法（“将志向融入灵魂深处”）。他常教导我立志的重要性。

后 记

2015年7月27日凌晨4点1分，父亲永远地离开了我们。

等我缓过神来时，太阳已经升起，一缕晨光洒进了病房。

办理完各种手续之后，我和母亲正要起身离开，一名护士走了进来。

护士向我们点头致意，说了些节哀顺变的话。之后，她转身看向了父亲的遗体，嘴里一遍又一遍地说着“谢谢”，抽泣着低下了头。

她大概也料到了我和母亲的惊讶，便又回头看向我们，开始跟我们解释起来。

“其实，我一直想辞职不干护士了。因为我没信心再继续下去。就在那个时候，三森先生鼓励了我。”

她才刚做护士没多久。

除了一般的看护之外，她还负责给父亲这样的癌症患者进行芳香按摩以缓解他们身上的痛苦。

一天，她给父亲按摩时，父亲发现她有些异样，便开口问她："发生什么事情了吗？你看上去没什么精神啊。"

"其实那个时候，我内心正在做激烈的思想斗争。工作一直不顺利，我觉得自己并不适合做护士，想要辞职。

"可三森先生注意到了我的情绪，还好心地关心我。虽然我心里明白不应该跟病人谈论自己的私事，但我还是忍不住跟三森先生透露了自己想辞职的想法。

"谁料，三森先生竟开始鼓励起我来。

"他结合自己的经验，给我讲了许多道理，让我颇受鼓舞。

"记得当时他对我说：'你选择的这份职业，帮助了许多像我这样的病人，给了他们与病魔抗争的勇气。我认为这是一份无比光荣的职业。当然，有光荣，也会有许多艰辛。但年轻时吃的苦，将来一定会转化成自己的力量，让自己变得更好。回头想想自己当初选择这份职业时的初心吧。希望你能不忘初心，继续前行。'"

这位护士在几天后还往我们家里打了电话。

母亲问她"身体怎么样"，她回答道："托三森先生的福，我打算继续做护士。三森先生是我短暂的职业生涯中遇到的印象最深刻的一位病人。我永远都不会忘记他。谢谢你们。"

我完全可以想象父亲鼓励她时的样子甚至连父亲的表情，

父亲鼓励她的话语，都能在我脑海里清晰地浮现出来。因为父亲也曾在公司里做过许多次类似的事情。

例如，某位员工要离职，去跟父亲报告。员工只要一进会长室，几个小时都出不来。终于从里面出来了，却早已没了要离职的意思。

我问他会长都说了什么，他也不多说，只说会长半鼓励半训斥了他许多，还设身处地地为他考虑到底怎么做才是对自己人生的最好交代。这位员工至今仍在大户屋工作。

父亲有一颗博爱之心。

这世上没有人是完美的。抱着远大的理想去努力工作，却因为某个契机而心生胆怯，便想要豁出一切。

原以为自己的动机是利他的，却发现不知不觉间自己的欲望竟占了上风。于是，开始陷入自我厌恶。

每个人的一生，都是由无数个高山和低谷组成。有时也会遇到可笑至极的倒霉事。但即便如此，每个人还是拼尽全力在生活。

人就是这样一种生物。父亲曾深深地爱着这样的人类。

理念本身，看不见也摸不着。但身为事业家，必须让更多的人去感受并认同自己的理念。没有一颗博爱之心，是没法胜任这份工作的。父亲的博爱之心最甚。

因为生性奔放，父亲在斥责干部时，偶尔也会“口无遮拦”。但他的这种“孩子气”也让不少员工倾慕不已。8 月举行的告别会上，也出现许多临时工、小时工的身影。他们特意赶到现场，送了父亲最后一程。

身为这样一位父亲的儿子，我备感荣幸。

这本书的视角，不同于历来的经营书籍。这是一个儿子在向各位讲述自己眼中的父亲。

个别地方，或许还会惹得在天国的父亲一顿训斥——“喂，这些分析都是你自己瞎想的吧”“你这个家伙，怎么可以把家丑外扬呢？不要多嘴”。将来有一天，待我和父亲在另一个世界重遇时，我一定要好好问问他。但我想父亲一定能理解。

如今，我正打算重新启航。我要建立一个新的事业，主要面向那些被既有的餐饮企业所遗漏的特定人群，我要为他们提供一个尽情享受餐饮的机会。目前，我正在紧锣密鼓地为新事业的展开做准备。

父亲曾告诫我，要把志向融入灵魂深处。我会谨记他的教诲，走出一条只属于我自己的道路。

三森久实　年谱

1957 年　作为三森方策、三森喜美子的三儿子，出生于山梨县山梨市

1958 年　叔叔三森荣一在东京池袋创办了大户屋食堂

1973 年　山梨市立山梨南中学　毕业

作为三森荣一和 MAKOTO 的养子，搬到东京居住

进入私立帝京高中。加入棒球部

1976 年　作为厨师，入职西餐厅 Flora Foods

1979 年　三森荣一离世，继承东京池袋大户屋食堂（21 岁）

1983 年　创办大户屋，就任社长

1992 年　东京吉祥寺店发生火灾，店铺重新装修

变身受女性顾客青睐的新式日式套餐店，重新开业，大获成功

2001 年　首次公开募股（现在的 JASDAQ 市场）

2003 年　特许加盟店 1 号店开设［员工另立门户的特许加盟店（FC）除外］

2005 年 首家海外店在泰国开业

2006 年 进军中国台湾，新店开业

2008 年 进军中国香港、印度尼西亚，新店开业

2009 年 进军新加坡，新店开业

2012 年 首次在上海、纽约开店

就任会长，专注海外事业

2015 年 与世长辞（享年 57 岁）

注：本书所摘录的三森久实先生的讲话，未特别标注出处的，均出自《日经 Top Leader》（原《日经 Venture》）、《日经餐厅》的报道。

关于“服务的细节丛书”介绍：

东方出版社从2012年开始关注餐饮、零售、酒店业等服务行业的升级转型，为此从日本陆续引进了一套“服务的细节”丛书，是东方出版社“双百工程”出版战略之一，专门为中国服务业产业升级、转型提供思想武器。

所谓“双百工程”，是指东方出版社计划用5年时间，陆续从日本引进并出版在制造行业独领风骚、服务业有口皆碑的系列书籍各100种，以服务中国的经济转型升级。我们命名为“精益制造”和“服务的细节”两大系列。

我们的出版愿景：“通过东方出版社‘双百工程’的陆续出版，哪怕我们学到日本经验的一半，中国产业实力都会大大增强！”

到目前为止“服务的细节”系列已经出版120本，涵盖零售业、餐饮业、酒店业、医疗服务业、服装业等。

更多酒店业书籍请扫二维码

了解餐饮业书籍请扫二维码

了解零售业书籍请扫二维码

“服务的细节”系列

书　名	ISBN	定　价
服务的细节：卖得好的陈列	978-7-5060-4248-2	26 元
服务的细节：为何顾客会在店里生气	978-7-5060-4249-9	26 元
服务的细节：完全餐饮店	978-7-5060-4270-3	32 元
服务的细节：完全商品陈列 115 例	978-7-5060-4302-1	30 元
服务的细节：让顾客爱上店铺 1——东急手创馆	978-7-5060-4408-0	29 元
服务的细节：如何让顾客的不满产生利润	978-7-5060-4620-6	29 元
服务的细节：新川服务圣经	978-7-5060-4613-8	23 元
服务的细节：让顾客爱上店铺 2——三宅一生	978-7-5060-4888-0	28 元
服务的细节 009：摸过顾客的脚，才能卖对鞋	978-7-5060-6494-1	22 元
服务的细节 010：繁荣店的问卷调查术	978-7-5060-6580-1	26 元
服务的细节 011：菜鸟餐饮店 30 天繁荣记	978-7-5060-6593-1	28 元
服务的细节 012：最勾引顾客的招牌	978-7-5060-6592-4	36 元
服务的细节 013：会切西红柿，就能做餐饮	978-7-5060-6812-3	28 元
服务的细节 014：制造型零售业——7-ELEVEn 的服务升级	978-7-5060-6995-3	38 元
服务的细节 015：店铺防盗	978-7-5060-7148-2	28 元
服务的细节 016：中小企业自媒体集客术	978-7-5060-7207-6	36 元
服务的细节 017：敢挑选顾客的店铺才能赚钱	978-7-5060-7213-7	32 元
服务的细节 018：餐饮店投诉应对术	978-7-5060-7530-5	28 元
服务的细节 019：大数据时代的社区小店	978-7-5060-7734-7	28 元
服务的细节 020：线下体验店	978-7-5060-7751-4	32 元
服务的细节 021：医患纠纷解决术	978-7-5060-7757-6	38 元
服务的细节 022：迪士尼店长心法	978-7-5060-7818-4	28 元
服务的细节 023：女装经营圣经	978-7-5060-7996-9	36 元
服务的细节 024：医师接诊艺术	978-7-5060-8156-6	36 元
服务的细节 025：超人气餐饮店促销大全	978-7-5060-8221-1	46.8 元

书　　名	ISBN	定　价
服务的细节 026：服务的初心	978-7-5060-8219-8	39.8 元
服务的细节 027：最强导购成交术	978-7-5060-8220-4	36 元
服务的细节 028：帝国酒店　恰到好处的服务	978-7-5060-8228-0	33 元
服务的细节 029：餐饮店长如何带队伍	978-7-5060-8239-6	36 元
服务的细节 030：漫画餐饮店经营	978-7-5060-8401-7	36 元
服务的细节 031：店铺服务体验师报告	978-7-5060-8393-5	38 元
服务的细节 032：餐饮店超低风险运营策略	978-7-5060-8372-0	42 元
服务的细节 033：零售现场力	978-7-5060-8502-1	38 元
服务的细节 034：别人家的店为什么卖得好	978-7-5060-8669-1	38 元
服务的细节 035：顶级销售员做单训练	978-7-5060-8889-3	38 元
服务的细节 036：店长手绘　POP 引流术	978-7-5060-8888-6	39.8 元
服务的细节 037：不懂大数据，怎么做餐饮？	978-7-5060-9026-1	38 元
服务的细节 038：零售店长就该这么干	978-7-5060-9049-0	38 元
服务的细节 039：生鲜超市工作手册蔬果篇	978-7-5060-9050-6	38 元
服务的细节 040：生鲜超市工作手册肉禽篇	978-7-5060-9051-3	38 元
服务的细节 041：生鲜超市工作手册水产篇	978-7-5060-9054-4	38 元
服务的细节 042：生鲜超市工作手册日配篇	978-7-5060-9052-0	38 元
服务的细节 043：生鲜超市工作手册之副食调料篇	978-7-5060-9056-8	48 元
服务的细节 044：生鲜超市工作手册之 POP 篇	978-7-5060-9055-1	38 元
服务的细节 045：日本新干线 7 分钟清扫奇迹	978-7-5060-9149-7	39.8 元
服务的细节 046：像顾客一样思考	978-7-5060-9223-4	38 元
服务的细节 047：好服务是设计出来的	978-7-5060-9222-7	38 元
服务的细节 048：让头回客成为回头客	978-7-5060-9221-0	38 元
服务的细节 049：餐饮连锁这样做	978-7-5060-9224-1	39 元
服务的细节 050：养老院长的 12 堂管理辅导课	978-7-5060-9241-8	39.8 元
服务的细节 051：大数据时代的医疗革命	978-7-5060-9242-5	38 元
服务的细节 052：如何战胜竞争店	978-7-5060-9243-2	38 元
服务的细节 053：这样打造一流卖场	978-7-5060-9336-1	38 元
服务的细节 054：店长促销烦恼急救箱	978-7-5060-9335-4	38 元

书　　名	ISBN	定　价
服务的细节 055：餐饮店爆品打造与集客法则	978-7-5060-9512-9	58 元
服务的细节 056：赚钱美发店的经营学问	978-7-5060-9506-8	52 元
服务的细节 057：新零售全渠道战略	978-7-5060-9527-3	48 元
服务的细节 058：良医有道：成为好医生的 100 个指路牌	978-7-5060-9565-5	58 元
服务的细节 059：口腔诊所经营 88 法则	978-7-5060-9837-3	45 元
服务的细节 060：来自 2 万名店长的餐饮投诉应对术	978-7-5060-9455-9	48 元
服务的细节 061：超市经营数据分析、管理指南	978-7-5060-9990-5	60 元
服务的细节 062：超市管理者现场工作指南	978-7-5207-0002-3	60 元
服务的细节 063：超市投诉现场应对指南	978-7-5060-9991-2	60 元
服务的细节 064：超市现场陈列与展示指南	978-7-5207-0474-8	60 元
服务的细节 065：向日本超市店长学习合法经营之道	978-7-5207-0596-7	78 元
服务的细节 066：让食品网店销售额增加 10 倍的技巧	978-7-5207-0283-6	68 元
服务的细节 067：让顾客不请自来！卖场打造 84 法则	978-7-5207-0279-9	68 元
服务的细节 068：有趣就畅销！商品陈列 99 法则	978-7-5207-0293-5	68 元
服务的细节 069：成为区域旺店第一步——竞争店调查	978-7-5207-0278-2	68 元
服务的细节 070：餐饮店如何打造获利菜单	978-7-5207-0284-3	68 元
服务的细节 071：日本家具家居零售巨头 NITORI 的成功五原则	978-7-5207-0294-2	58 元
服务的细节 072：咖啡店卖的并不是咖啡	978-7-5207-0475-5	68 元
服务的细节 073：革新餐饮业态：胡椒厨房创始人的突破之道	978-7-5060-8898-5	58 元
服务的细节 074：餐饮店简单改换门面，就能增加新顾客	978-7-5207-0492-2	68 元
服务的细节 075：让 POP 会讲故事，商品就能卖得好	978-7-5060-8980-7	68 元

书　　名	ISBN	定　价
服务的细节 076：经营自有品牌	978-7-5207-0591-2	78 元
服务的细节 077：卖场数据化经营	978-7-5207-0593-6	58 元
服务的细节 078：超市店长工作术	978-7-5207-0592-9	58 元
服务的细节 079：习惯购买的力量	978-7-5207-0684-1	68 元
服务的细节 080：7-ELEVEn 的订货力	978-7-5207-0683-4	58 元
服务的细节 081：与零售巨头亚马逊共生	978-7-5207-0682-7	58 元
服务的细节 082：下一代零售连锁的 7 个经营思路	978-7-5207-0681-0	68 元
服务的细节 083：唤起感动	978-7-5207-0680-3	58 元
服务的细节 084：7-ELEVEn 物流秘籍	978-7-5207-0894-4	68 元
服务的细节 085：价格坚挺，精品超市的经营秘诀	978-7-5207-0895-1	58 元
服务的细节 086：超市转型：做顾客的饮食生活规划师	978-7-5207-0896-8	68 元
服务的细节 087：连锁店商品开发	978-7-5207-1062-6	68 元
服务的细节 088：顾客爱吃才畅销	978-7-5207-1057-2	58 元
服务的细节 089：便利店差异化经营——罗森	978-7-5207-1163-0	68 元
服务的细节 090：餐饮营销 1：创造回头客的 35 个开关	978-7-5207-1259-0	68 元
服务的细节 091：餐饮营销 2：让顾客口口相传的 35 个开关	978-7-5207-1260-6	68 元
服务的细节 092：餐饮营销 3：让顾客感动的小餐饮店“纪念日营销”	978-7-5207-1261-3	68 元
服务的细节 093：餐饮营销 4：打造顾客支持型餐饮店 7 步骤	978-7-5207-1262-0	68 元
服务的细节 094：餐饮营销 5：让餐饮店坐满女顾客的色彩营销	978-7-5207-1263-7	68 元
服务的细节 095：餐饮创业实战 1：来，开家小小餐饮店	978-7-5207-0127-3	68 元
服务的细节 096：餐饮创业实战 2：小投资、低风险开店开业教科书	978-7-5207-0164-8	88 元

书　名	ISBN	定　价
服务的细节 097：餐饮创业实战 3：人气旺店是这样做成的！	978-7-5207-0126-6	68 元
服务的细节 098：餐饮创业实战 4：三个菜品就能打造一家旺店	978-7-5207-0165-5	68 元
服务的细节 099：餐饮创业实战 5：做好“外卖”更赚钱	978-7-5207-0166-2	68 元
服务的细节 100：餐饮创业实战 6：喜气的店客常来，快乐的人福必至	978-7-5207-0167-9	68 元
服务的细节 101：丽思卡尔顿酒店的不传之秘：超越服务的瞬间	978-7-5207-1543-0	58 元
服务的细节 102：丽思卡尔顿酒店的不传之秘：纽带诞生的瞬间	978-7-5207-1545-4	58 元
服务的细节 103：丽思卡尔顿酒店的不传之秘：抓住人心的服务实践手册	978-7-5207-1546-1	58 元
服务的细节 104：廉价王：我的“唐吉诃德”人生	978-7-5207-1704-5	68 元
服务的细节 105：7-ELEVEn 一号店：生意兴隆的秘密	978-7-5207-1705-2	58 元
服务的细节 106：餐饮连锁如何快速扩张	978-7-5207-1870-7	58 元
服务的细节 107：不倒闭的餐饮店	978-7-5207-1868-4	58 元
服务的细节 108：不可战胜的夫妻店	978-7-5207-1869-1	68 元
服务的细节 109：餐饮旺店就是这样“设计”出来的	978-7-5207-2126-4	68 元
服务的细节 110：优秀餐饮店长的 11 堂必修课	978-7-5207-2369-5	58 元
服务的细节 111：超市新常识 1：有效的营销创新	978-7-5207-1841-7	58 元
服务的细节 112：超市的蓝海战略：创造良性赢利模式	978-7-5207-1842-4	58 元
服务的细节 113：超市未来生存之道：为顾客提供新价值	978-7-5207-1843-1	58 元
服务的细节 114：超市新常识 2：激发顾客共鸣	978-7-5207-1844-8	58 元
服务的细节 115：如何规划超市未来	978-7-5207-1840-0	68 元

书　名	ISBN	定　价
服务的细节 116：会聊天就是生产力：丽思卡尔顿的“说话课”	978-7-5207-2690-0	58 元
服务的细节 117：有信赖才有价值：丽思卡尔顿的“信赖课”	978-7-5207-2691-7	58 元